競馬は人気馬2頭+人気薄1頭の組み合わせでだいたい決まる

競馬王編集部 編

GUIDEWORKS

第3章

最も攻守のバランスが良い馬券は3連複

無謀な穴馬探しより確実な本命馬選びが福を呼ぶ

第4章

プラス収支を実現させるベタ買い法&究極データ

序章

「日本競馬のレベルは年々上がってきている」と言われて久しい昨今だが、その日本競馬を支えている〝馬券ファン〟のレベルは、それ以上のスピードで上がってきているように思う。馬券を獲った後、「このレース、思ったより配当がついたな！」とテンションが上がる機会よりも、「え、これだけしかつかないの…」とガッカリするケースの方が圧倒的に増えているということは、つまりそういうことだろう。

何となく体感的にそう感じているだけか？とも思ってみたが、競馬王のライター陣たちが、「みんな馬券が上手くなっている」「美味しい配当が獲り辛くなった」と口を揃えて言っていることを鑑みれば、こちらの思い過ごしではなく、実際に馬券ファンのレベルが上がってきていることは間違いなさそうだ。

では具体的に、最近の馬券ファンは、何がどう上手くなって、レベルアップしているのか。それらの事実をデータで裏付けて説明するのは難しいのだが、例えば体感的な部分で語らせてもらえば、以前であれば、〝前走大敗〟の馬は、いかなる理由があれ、たいていは次走で人気を落とした。だからその大敗馬を次走で狙って、首尾よく馬券を当てることができれば、ほぼ間違いなく高配当を手にすることができた。だが、今は違う。前走大敗の馬であっても、次走であまり人気を落とさないのだ。その前走の大敗の原因が明確なもの（レース中の故障や疾病）でなくても、血統や馬場適性、枠順や位置取りといった細微なファクターから徹底的に分析し、そこで不利と言える材料（確証）を得たら、まるで前走などなかったかのように、〝前走不問〟のジャッジを下してしまう。その結果、前走大敗を喫した馬とて、次走で大きく人気を落とすことはないのだ。

その逆もまた然りで、どれだけ連戦連勝の馬であっても、血統や馬場適性、枠順や位置取りといったファクターにおいて、〝恵まれた部分が大きい〟と判断されてしまえば容赦はしない。無論、前走の細微な内容など把握してないファンの方が圧倒的に多いから、そういった連戦連勝の馬は最終的に1番人気にはなるのだが、仮にその馬が馬券圏内から外れるようなことになっても、〝望外の配当〟とはならない。なぜなら予想の上手い馬券ファンが、その1番人気馬が飛ぶ想定の馬券をこぞって買っているからだ。

本来であれば、連戦連勝の1番人気の馬を軽視することなど、怖くてできない。強いから連戦連勝を果たしているわけで、仮にこれまで〝恵まれた要素〟があったにせよ、買い目に一切加えないというのは行き過ぎた行為である。ところが、最近の馬券ファンはそういった部分においても躊躇いがない。〝要らない〟と思う馬は1番人気であろうとも、バッサリ切り捨てることができるのだ。ではなぜそんなことができるのか？　これはあくまで個人的な見解だが、競馬に関するまっとうな情報やデータが増えてきたことがその一因ではないかと捉えている。まっとうな情報やデータとは何か。例えば、ＪＲＡ－ＶＡＮなどがその最たるものである。

ＪＲＡ－ＶＡＮは、馬券販売の胴元であるＪＲＡが提供しているデータサービスだが、胴元みずからがこれを提供しているところがミソで、これは非常に大きな意味をもつ。ＪＲＡが提供するデータということは、即ちオフィシャルのデータである。つまり、そこに嘘や間違いなど存在するはずがなく、あるのは至極まっとうな情報とデータだけ。そのまっとうなオフィシャルのデータを過去数十年分も遡って閲覧することができて、調教映像やレース映像といったものも随時更新、その上、馬券まで買えてしまうとあれば、もはや無敵ツールと言えよう。

以前であれば、ＪＲＡ－ＶＡＮ、及びその周辺ソフトの利用者は、予想家や競馬ライターが中心であった（少なくとも私の周囲ではそうだった）。しかし今は、業界人とは関係のない、普通の競馬ファンも使いこなすようになり、とても身近な存在となっている。

この無敵ツールがあれば、予想の際の〝必須アイテム〟であるはずの新聞も必要がなくなってしまう。事実、最近では、「新聞を買わない」という馬券ファンがかなり増えてきている。かつては、スポーツ紙の記者や専門紙のトラックマン、或いは有名な競馬評論家の印が大きくオッズを動かしていた。人気予想家の印に一喜一憂し、それが競馬仲間との酒の肴でもあった。私自身もお気に入りの記者がどんな印を打つのかと、ワクワクしながら紙面を開いたものである。ところが今は、そこに楽しみを見出しているファンは少ないようだ。今でもＧⅠレース当日のスポーツ紙などは、１面に競馬の記事が躍り、記者の予想が披露されているが、果たして若いファン層にどれだけ響いているのか…。

新聞を買わないということは、新聞から得られる「厩舎コメント」や、記者やトラックマンが打つ「印」を見ていないということになる。それはどういうことか？　つまり今の競馬ファンの多くが、新聞の情報や印の影響を受けていないということになる。実際、私の周りにもそういった者が多いが、特に若年層及び、毎週それなりの金額を突っ込むヘビーユーザーほど、その傾向が強いように思う。新聞紙上ではまったく印が入っていないのに、なぜか配当が安かったりする現象は、まさにこういった層が作り上げていると思われる。さらに言えば、冒頭に述べた、前走大敗の馬を平気で狙えたり、連戦連勝の馬を平気で蹴飛ばしたりできる層も、こういった新聞の非愛用者なのだろうと推察する。

　人間は元来、弱い生き物である。それ故、新聞に重い印が並んでいればその馬に目が行くし、心も揺り動かされる。心が揺り動かされれば、本来買うはずのなかった馬であっても「一応抑えておくか」という発想が生まれる。いくら〝怪しい人気馬〟と睨んだ馬であっても、陣営のコメントが〝自信に満ち満ちたもの〟であれば、本命を入れ替えてしまったりもするかも知れない。しかし、新聞を読まなければそういった情報の誘惑も断ち切れる。自身が愛用する馬券理論、もしくは愛用データから導き出された結論だけを信じ、愚直に買い目を構築することができるのだ。無論、それがいい方に転がるか悪い方に転がるかは時と場合によるだろう。ただ、一つハッキリと言えることは、〝新聞愛用者〟と〝非愛用者〟との数（比率）が近くなったことで、極端な結果（配当）が発生しにくくなったということは言えるだろう。

で、ここからが漸く本題である（随分と長かった）。競馬ファン一人一人の競馬に対する取り組む姿勢が変わり、予想スキルも上がったことで、超高額配当が獲りにくくなった。ここまではほぼ間違いのない最近の傾向である。じゃあ現在は、競馬と格闘するのには不向きの時代かと問われれば、答えはNOである。なぜなら、馬券ファンの意識向上、レベルアップは、人気（オッズ）を限りなく正確なものにしているからである。

先ほども触れた通り、以前は競馬予想に使われるツールと言えば、新聞のほぼ一択であった。つまり情報源はほぼ新聞によるもの。新聞から得た情報が当たれば堅いオッズに偏り、新聞で得た情報が狂えば極端なオッズに偏った。しかし今は、新聞以外の予想ツールが増え、いい意味で予想が均衡化され、オッズに偏りがなくなった。であるならば、この正確無比なデータを活用しない手はない。

実際、その傾向は如実に表れている。本書の中で、これから再三再四にわたって取り上げるが、2020年の春のGI戦線は異常に1番人気が強かった。フェブラリーSから宝塚記念までの合計12レースの1番人気の成績は【6・3・1・2】というものである。勝率50％も凄いが、複勝率83％も強烈である。ちなみに2番人気の成績は【3・2・1・6】となっており、こちらは勝率25％、複勝率50％をマークしていて、勝率に関しては平均値を遥かに上回る数値である。つまり1番人気にとどまらず、2番人気の成績も優秀なのである。

では、上位人気馬がしっかり結果を出し続けたならば、配当はガッチガチのレースばかりだったかと言えば、そうでなかったことは皆さんもご存知であろう。例えばフェブラリーSなどは、1番人気のモズアスコットがしっかりと1番人気に応えて勝利を収めながらも、2着に16番人気のケイティブレイブが入り、馬連は36230円、3連複は95310円、3連単に至っては464920円という超高配当になったことは記憶に新しい。

フェブラリーSの結果はやや極端な例ではあったが、それでも平均して春のGIは人気馬がしっかりと結果を出しつつ、3連複や3連単では高配当というケースが圧倒的に目立った。そしてこの傾向は、GIレースに限らず、実は知らず知らずのうちに大多数のレースで起きていたのである…。

本書執筆陣はその傾向を、偶発的に起きた現象と捉えず、今後も長く続くであろう傾向と捉え、この一冊にまとめた。本書を読み進めていけば、難しく考え過ぎていた馬券という存在が、実はそんなに難しいものではないのではないかと思わせてくれるはずである。そして、何も自分自身があーでもない、こーでもないと必勝理論を作り上げなくても、熱心で勤勉な馬券ファンたちが、的中までのお膳立てをしてくれていることに気付かされるはずである。

本書を読み進め、いざ実践した後は、是非ともJRAのホームページを開いて、その日1日のレース結果を振り返ってもらいたい。馬券が当たっても、当たってなくても、きっと驚くような結果が待ち受けているはずである。灯台下暗し。馬券必勝理論は、意外なところに落ちているものなのかも知れない。

第1章

レースの行方は人気(オッズ)が握っている!

競馬ファンが生み出すオッズが一番のヒントである

競馬の予想は古くから様々な情報、データによって進化してきた。

予想とは速い馬を見つけることを根幹としている。そのためにレースにおける走破タイム、過去の実績などを参考に上げ下げするのが一般的だろう。さらに調教や血統、レースのペースで実力が発揮できるか否か見極めたり、レースに出走する馬のメンバー構成から展開を予測し、どの馬が有利になるかなどを考えたりもするだろう。さらにパドック予想など生物学的な見地で馬を見て予想をする場合もある。また、馬券対象になると思われる数字のみを予測する、いわゆる出目理論や、時事ネタなどを用いて世間の流れのサインを読み取り予想するサイン理論などオカルト的なものも存在する。

このように競馬の予想スタイルは非常に多岐にわたる。ただ、その中でも特に１９７５年にアンドリュー・ベイヤーが提唱した「スピード指数」が与えた衝撃は大きく、その後数多くの能力指数が誕生し、しのぎを削ってきた。代表的なところでは西田式スピード指数、タイムフォーム、日刊コンピ指数などが挙げられるだろうか。

さらに近年はＡＩの台頭も見逃せない。機械学習やディープラーニングといった技術が競馬の世界でも取り入れられ、コンピューターの普及により競馬予想は飛躍的に進歩しているといっても過言ではないだろう。もはやあらゆる角度から競馬は分析されている。では、そんな長年の経験がもたらす感性やコンピューターによるＡＩの演算力に我々はどう対応すればいいのだろうか。経験は一朝一夕で身につくものではなく、分析量ではコンピューターに到底勝てるわけはない。しかし、何もそれらと戦う必要はないのだ。優れた予想があるなら、逆にそれを利用すればいいのである。

もちろん予想を購入しろ、と言っているのではない。それは短絡的すぎる。欲しいのは競馬人全ての集合知。一見得ることができそうにもないことを可能にする唯一の方法が存在すると言ったら驚くだろうか。でも、おそらくそれはとても簡単なことである。

そう、オッズを見ればいいのだ。

ＪＲＡでは、海外のブックメーカー方式とは異なりパリミュチュエル方式を採用している。ブックメーカー方式は名前のままではあるが、ブックメーカーがオッズを決める方式である。つまり独自に倍率を決めるため参加者の売買動向に左右されることはない。そのため各ブックメーカーによって配当は異なるという事が起き、購買者は自分にとって有利であると判断したブックメーカーと勝負をすることができる。また、配当は状況の変化などによって後に変更されることがあるが、自分の予想が的中すると購入時点での配当率で計算された配当を受け取ることができる。ここでの最大のポイントは、「ブックメーカーが独自にオッズを決めている」という事だ。

一方、パリミュチュエル方式とは、主催者が総賭け金から運営にかかる経費や利益を確保してから残りを当選者に分配するという方法である。自分の予想となる馬券を購入するが、この時点においてまだ配当はまだ確定されず、購入額を全てプールする。その後、レースを行い当選の番号と当選者が確定する。この時点でプールした金額から、主催者収入として所定の割合（いわゆる控除率）が差し引かれ運営費などの経費に充てられ、残りを当選者で分配するという方法である。したがって賭け金の集まり具合や偏りに応じて直前までオッズが変動し、プレイヤー全員の賭けはその変動の影響を受ける。ここでの最大のポイントは、「オッズは購入者の支持数で決まる」という事である。ここではどちらが良い、悪いという話ではなく、オッズの決め方に違いがあるという事を理解しておいていただければ問題ない。

つまり胴元の裁量でオッズが決まるブックメーカー方式ではなく、購入者の支持でオッズが作られるパリミュチュエル方式を採用しているＪＲＡのオッズというのは、全ての競馬ファンが導き出した回答であり、その回答結果の割合を示したものであると言い換えることができる。それはつまり、競馬人の集合知と言えるだろう。

1番人気の成績を知った上で馬券を考える

ではここで一つデータを紹介したい。オッズが全ての競馬人の集合知であるとするならば、

1番人気の成績

1着数	2着数	3着数	4着数	5着数	着外数	総レース数	勝率	連対率	複勝率
5090	2914	2043	1324	988	3290	15649	32.5%	51.1%	64.2%

1番人気馬というのは多くの競馬人が様々な指数やデータ、経験などを用いて最も勝つ確率が高いと導いた結果となる。その1番人気馬の勝率は2016年から2020年9月6日までで32・5%を記録している。全レース、それも毎年この水準を記録することが並大抵のことでないのは競馬を趣味にしている人間からすれば想像がつくはず。すべての指数や予想を網羅しているわけではないので確実とは言えないが、おそらく世間で提供されているどの能力指数よりも高い勝率と言えるのではないだろうか。もしこれよりも精度の高い能力指数があればぜひ教えていただきたい。おそらく、全レース予想してその勝率が1番人気を超える指数はほとんどないように思う。

しかも毎年ほぼこの水準が記録されるのだから驚きである。ちなみに、対象を2009

1番人気の年毎成績

年	1着数	2着数	3着数	4着数	5着数	着外数	総レース数	勝率	連対率	複勝率
2020年	736	419	302	198	133	553	2341	31.4%	49.3%	62.2%
2019年	1085	612	451	310	209	658	3325	32.6%	51.0%	64.6%
2018年	1059	638	418	302	233	678	3328	31.8%	51.0%	63.6%
2017年	1114	620	428	253	200	714	3329	33.5%	52.1%	64.9%
2016年	1096	625	444	261	213	687	3326	33.0%	51.7%	65.1%
2015年	1011	659	415	336	207	698	3326	30.4%	50.2%	62.7%
2014年	1075	604	427	284	212	724	3326	32.3%	50.5%	63.3%
2013年	1060	621	409	263	226	745	3324	31.9%	50.6%	62.9%
2012年	1046	661	414	316	209	675	3321	31.5%	51.4%	63.9%
2011年	1055	637	430	264	240	705	3331	31.7%	50.8%	63.7%
2010年	1064	644	425	299	213	675	3320	32.0%	51.4%	64.2%
2009年	1037	652	417	334	204	676	3320	31.2%	50.9%	63.4%

年まで広げると1番人気の勝率は31・2%。２０１６年は33・0%、翌２０１７年は33・5%と例年よりも優れた勝率を記録。２０１８年こそ31・8%とやや落ち込んだが、２０１９年には32・6%とまた例年の水準以上の勝率を記録している。つまり近年はさらに1番人気馬の勝率が上がっているというわけだ。冒頭にも述べた通り、近年はＡＩ技術の発展もあり予想の精度はより向上している。それにより割を食ってしまうと嘆くのではなく、ＡＩによる競馬の発展はむしろ喜ぶべきことなのである。

つまり我々競馬ファンからすると、実は国内で最も優れたデータを無料で提供してもらえているという事である。こんなに良いデータを使わない理由はどこにもない。それがオッズを見るという事なのだ。

と、ここまでオッズの重要性を説明したところで、続いてこのオッズをどのように利用するかについて見ていこう。

まずは人気別の成績を確認しておきたい。当然、最も好走率が高いのは1番人気だ。すでに述べている通り、2016年から2020年9月6日までの1番人気の勝率は32・5%。改めてその好走率の高さに驚かされる。ちなみに、該当期間内での1番人気の平均着順は3・6着。限りなく馬券対象に近いところまで絡んできているという事だ。いかに1番人気を軽視してはいけないか理解できるだろう。

以下、2番人気が19・1%、3番人気が13・3%、4番人気が9・3%、5番人気が7・0%…というように、人気順と比例するように勝率も下がっていることが20ページの表から見て取れる。奇麗なグラフを描くデータはそれが正しいデータの証左であることを示している。信頼に足るデータと言っていいだろう。そして、10番人気になると勝率はわずか1・8%。18番人気に至っては0・8%。なんと検証期間内に1勝しかしていないのである。ちなみに勝利したのは2020年7月19日の阪神11R中京記念を制したメイケイダイハードである。最近のレースなので覚えている方も多いのではないだろうか。つまり約3年間は18番人気の勝利がなかったというわけである。なお、その前に18番人気が勝利したのは2012年11月25日の東京9Rキャピタル S を制したヤマニンウイスカーである。3年なんてとんでもない。なんと8年近くも18番人気は勝利していなかったのだ。荒れたレースというのは印象に残りやすい。それゆえにここまで人気薄の馬が好走していないというのは改めてデータを見るまでは気づかないこ

人気別成績

人気	1着数	2着数	3着数	4着数	5着数	着外数	総レース数	勝率	連対率	複勝率
1番人気	5090	2914	2043	1324	988	3290	15649	32.5%	51.1%	64.2%
2番人気	2995	2863	2161	1655	1309	4666	15649	19.1%	37.4%	51.2%
3番人気	2083	2293	2130	1831	1522	5791	15650	13.3%	28.0%	41.6%
4番人気	1450	1784	1835	1824	1654	7102	15649	9.3%	20.7%	32.4%
5番人気	1098	1383	1639	1771	1737	8022	15650	7.0%	15.9%	26.3%
6番人気	854	1152	1382	1527	1639	9077	15631	5.5%	12.8%	21.7%
7番人気	624	904	1080	1327	1401	10245	15581	4.0%	9.8%	16.7%
8番人気	405	701	905	1080	1311	11037	15439	2.6%	7.2%	13.0%
9番人気	342	470	710	900	1042	11576	15040	2.3%	5.4%	10.1%
10番人気	255	398	507	721	852	11703	14436	1.8%	4.5%	8.0%
11番人気	161	274	440	515	676	11566	13632	1.2%	3.2%	6.4%
12番人気	132	207	321	425	545	11072	12702	1.0%	2.7%	5.2%
13番人気	85	141	220	292	406	10384	11528	0.7%	2.0%	3.9%
14番人気	52	86	138	228	287	9597	10388	0.5%	1.3%	2.7%
15番人気	30	46	88	145	155	8548	9012	0.3%	0.8%	1.8%
16番人気	15	26	42	74	105	6732	6994	0.2%	0.6%	1.2%
17番人気	2	9	11	11	12	1435	1480	0.1%	0.7%	1.5%
18番人気	1	2	6	7	8	1161	1185	0.1%	0.3%	0.8%

とだろう。しかし、事実としてこれだけしか好走していないのだ。人気薄を狙うという事がいかに無謀な挑戦かという事もデータから理解ができる。

続いては複勝率という視点から見てみよう。1番人気の複勝率は64・2%と高く、およそ3回に2回は馬券対象となっているという事だ。続く2番人気が51・2%で、こちらは2回に1回は馬券対象となっている。3番人気、4番人気でも41・6%、32・4%と3回に1回は馬券対象となる計算となる。しかし5番人気は26・3%でおおよそ4回に1回。1番人気の勝率が32・5%であったため、1番人気が勝利するよりも5番人気が馬券対象になる方が確率としては低いというわけだ。6番人気は21・7%で5回に1回程度まで下がってしまう。7~9番人気は10%台となり、10番人気以下は複勝率も10

人気別成績（重賞）

人気	1着数	2着数	3着数	4着数	5着数	着外数	総レース数	勝率	連対率	複勝率
1番人気	194	102	73	39	32	162	602	32.2%	49.2%	61.3%
2番人気	109	105	81	61	41	205	602	18.1%	35.5%	49.0%
3番人気	89	73	73	74	54	239	602	14.8%	26.9%	39.0%
4番人気	48	62	69	73	69	281	602	8.0%	18.3%	29.7%
5番人気	39	55	57	61	57	333	602	6.5%	15.6%	25.1%
6番人気	28	56	55	55	62	346	602	4.7%	14.0%	23.1%
7番人気	24	44	49	43	45	397	602	4.0%	11.3%	19.4%
8番人気	24	23	25	42	66	419	599	4.0%	7.8%	12.0%
9番人気	15	17	30	36	35	458	591	2.5%	5.4%	10.5%
10番人気	11	17	17	29	39	461	574	1.9%	4.9%	7.8%
11番人気	9	15	25	27	24	444	544	1.7%	4.4%	9.0%
12番人気	8	13	15	18	25	437	516	1.6%	4.1%	7.0%
13番人気	1	13	19	16	21	399	469	0.2%	3.0%	7.0%
14番人気	0	5	6	12	15	380	418	0.0%	1.2%	2.6%
15番人気	2	1	6	7	5	348	369	0.5%	0.8%	2.4%
16番人気	1	1	1	11	6	291	311	0.3%	0.6%	1.0%
17番人気	0	0	1	1	3	139	144	0.0%	0.0%	0.7%
18番人気	1	0	1	0	0	113	115	0.9%	0.9%	1.7%

％を下回る。馬券対象にも10回に1回しか入線できていない。勝つだけでなく馬券圏内という意味でもやはり人気薄には厳しい戦いとなる。

では、これを重賞に限定するとどうなるだろうか。先ほどと同様の人気別成績を重賞に限定したもので見てみよう（上表）。対象期間はこちらも同じく２０１６年から２０２０年９月６日までとする。

1番人気の勝率は32・２％で全レースと同程度の成績を残していることがわかる。やはり重賞においても1番人気を馬券から外すという事はあまりおすすめできる方法ではないだろう。２番人気が18・１％、３番人気が14・８％、４番人気が８・０％、５番人気が６・５％。このあたりも全体の成績とほぼ変わらず、以下も人気に比例して成績が下がっていることがわかる。複勝率も同様である。先ほども述べた通り、奇麗に比例するデータこそ信頼度が高いデータとなる。

すべてのレースで見ても、重賞に限定しても、人気別の成績にはほぼ差がない。基本的にはどの条件も同じ扱いをして問題ないだろう。競馬予想において一律に全てを考えられるというのは非常に扱いやすい。

ここで話を重賞限定ではなく全体成績へと戻そう。平均オッズは4番人気までが一桁台となり、また複勝率も4番人気が32・4％、5番人気が26・3％と差ができていた。ここを閾値とし、本書では1～4番人気を人気馬、5～18番人気を人気薄と定義して進めていきたい。

2020春のGIレースの結果を考察

では、これを踏まえてこの章で最後に見てもらいたいものがある。それは2020年の上半期GIの結果である。

まずはフェブラリーS。1番人気の支持を得たのはダート替わり初戦となった根岸Sを完勝したモズアスコット。2番人気は昨年の勝ち馬インティ、そして3番人気にはサンライズノヴァ、4番人気アルクトスと続きここまでが一桁台のオッズとなっていった。レースは先行勢が競りかける展開となるハイペースで差し決着。展開利もあり1番人気のモズアスコットが見事に1着となった。しかし、2着には16番人気の低評価を受けたケイティブレイブが入線。3着

2020年2月23日(祝)　東京11R　フェブラリーS
4歳以上・オープン・G1(定量)(国際)(指定)/ダート 1600m/16頭立

着	枠	馬	馬名	性齢	斤量	騎手	人気	単勝
1	6	12	モズアスコット	牡6	57	ルメール	1	2.8
2	8	15	ケイティブレイブ	牡7	57	長岡禎仁	16	142.6
3	5	9	サンライズノヴァ	牡6	57	松山弘平	3	6.8
4	8	16	ワンダーリーデル	牡7	57	横山典弘	7	28.0
5	2	4	タイムフライヤー	牡5	57	フォーリー	10	30.3

馬連⑫⑮36230円/3連複⑨⑫⑮95310円/3連単⑫⑮⑨464920円

2020年3月29日(日)　中京11R　高松宮記念
4歳以上・オープン・G1(定量)(国際)(指定)/芝 1200m/18頭立

着	枠	馬	馬名	性齢	斤量	騎手	人気	単勝
1	8	16	モズスーパーフレア	牝5	55	松若風馬	9	32.3
2	4	8	グランアレグリア	牝4	55	池添謙一	2	4.1
3	2	3	ダイアトニック	牡5	57	北村友一	4	9.2
④1位降着	6	11	クリノガウディー	牡4	57	和田竜二	15	64.6
5	8	17	シヴァージ	牡5	57	藤岡佑介	12	40.0

馬連⑧⑯9150円/3連複③⑧⑯22830円/3連単⑯⑧③217720円

は3番人気サンライズノヴァが入ったものの、3連複は95310円、3連単は464920円の好配当となった。

続く高松宮記念は1番人気が前年のスプリンターズSの勝ち馬タワーオブロンドンであったが3・8倍と押し出されたような人気で、混戦模様。それを表すかのような空模様となり、波乱の匂いが感じられた。その予感は驚きの結果で的中することとなり、15番人気の伏兵クリノガウディーが1位に入線するも降着。結果、2位入線の9番人気モズスーパーフレアが繰り上がり1着となった。2着には初のスプリント戦をこなした2番人気グランアレグリア、3着には近走安定感を見せてい

2020年4月5日(日)　阪神11R　大阪杯
4歳以上・オープン・G1(定量)(国際)(指定)／芝・内 2000m／12頭立

着	枠	馬	馬名	性齢	斤量	騎手	人気	単勝
1	5	5	ラッキーライラック	牝5	55	M.デムーロ	2	4.1
2	8	12	クロノジェネシス	牝4	55	北村友一	4	5.2
3	6	8	ダノンキングリー	牡4	57	横山典弘	1	3.8
4	8	11	カデナ	牡6	57	鮫島克駿	11	68.2
5	4	4	ワグネリアン	牡5	57	福永祐一	5	5.2

馬連⑤⑫1110円／3連複⑤⑧⑫1350円／3連単⑤⑫⑧7810円

た4番人気のダイアトニックが入線。3連複は22830円、3連単は217720円となった。

3戦目の大阪杯は戦前から上位人気と下位人気の差が大きいレースと目されており、その予想通りにオッズも形成されていた。1番人気は前走の中山記念を完勝していたダノンキングリー。2番人気に前年のエリザベス女王杯の勝ち馬ラッキーライラック。3番人気には前年挑んだ凱旋門賞後のレースとなった前走のAJCCを勝利していたブラストワンピース。4番人気はこれも前走の京都記念を完勝のクロノジェネシスで、5番人気がダービー馬のワグネリアン。この5頭が混戦の一桁台のオッズとなっていた。そして結果もその5頭の中で決着。2番人気ラッキーライラック、4番人気クロノジェネシス、1番人気ダノンキングリーと順当決着

2020年4月12日(日)　阪神11R　桜花賞
3歳・オープン・G1(定量)(牝)(国際)(指定)/芝・外 1600m/18頭立

着	枠	馬	馬名	性齢	斤量	騎手	人気	単勝
1	5	9	デアリングタクト	牝3	55	松山弘平	2	4.2
2	8	17	レシステンシア	牝3	55	武豊	1	3.7
3	2	3	スマイルカナ	牝3	55	柴田大知	9	35.5
4	6	11	クラヴァシュドール	牝3	55	M.デムーロ	6	8.8
5	7	14	ミヤマザクラ	牝3	55	福永祐一	7	10.4

馬連⑨⑰1110円/3連複③⑨⑰12590円/3連単⑨⑰③47760円

で3連複1350円、3連単は7810円となった。

4戦目は牝馬クラシック初戦の桜花賞。雨中の開催となり1番人気には阪神JFを驚異のレコードで逃げ切ったレシステンシア。2番人気にはエルフィンSを圧勝し2戦2勝のデアリングタクト、3番人気は好相性のシンザン記念勝ち馬サンクテュエールと続いたが天候もあり混戦。重馬場まで悪化した馬場は各馬のスタミナを大いに削り、逃げるスマイルカナ、番手で運んだレシステンシアが抜けだしたところをただ一頭だけ伸びてきたデアリングタクトが差し切り勝利。2番人気、1番人気、9番人気で決着し、3連複12590円、3連単47760円となった。

5戦目は牡馬のクラシック初戦となる皐月賞。1番人気は3戦無敗でホープフルSを制し

2020年4月19日(日)　中山11R　皐月賞

3歳・オープン・G1(定量)(牡・牝)(国際)(指定)／芝 2000m／18頭立

着	枠	馬	馬名	性齢	斤量	騎手	人気	単勝
1	1	1	コントレイル	牡3	57	福永祐一	1	2.7
2	4	7	サリオス	牡3	57	レーン	3	3.8
3	8	16	ガロアクリーク	牡3	57	ヒューイットソン	8	41.2
4	4	8	ウインカーネリアン	牡3	57	田辺裕信	17	360.0
5	3	5	サトノフラッグ	牡3	57	ルメール	2	3.6

馬連①⑦660円／3連複①⑦⑯9150円／3連単①⑦⑯26310円

たコントレイル。続く2番人気は弥生賞を鮮やかに勝ち、今回鞍上にルメール騎手を迎えたサトノフラッグ。3番人気には距離適性に不安があったのか、3戦無敗の朝日杯FS勝ち馬サリオスが続いた。人気は三つ巴。ただし結果は1着コントレイル、2着サリオスと人気上位が続いたが、3着には8番人気でもう一つのトライアルであるスプリングSを勝利していたガロアクリークが入線。サトノフラッグは5着に敗れた。3連複は9150円と万馬券に届かなかったが、3連単は26310円となった。

6戦目の天皇賞(春)は連覇を狙うフィエールマンが1番人気。2番人気には阪神大賞典を制したユーキャンスマイル、3番人気には菊花賞馬キセキが続いた。レースはキセキが途中から先頭を奪い主導権を握るが、掛かり気味の追走で直線はバテてしまい6着に敗戦。接戦の

2020年5月3日(祝) 京都11R 天皇賞(春)
4歳以上・オープン・G1(定量)(国際)(指定)/芝・外 3200m/14頭立

着	枠	馬	馬名	性齢	斤量	騎手	人気	単勝
1	8	14	フィエールマン	牡5	58	ルメール	1	2.0
2	4	6	スティッフェリオ	牡6	58	北村友一	11	64.2
3	4	5	ミッキースワロー	牡6	58	横山典弘	4	11.9
4	5	7	ユーキャンスマイル	牡5	58	浜中俊	2	5.0
5	3	3	トーセンカンビーナ	牡4	58	藤岡康太	7	19.8

馬連⑥⑭5770円/3連複⑤⑥⑭13500円/3連単⑭⑥⑤55200円

2020年5月10日(日) 東京11R NHKマイルカップ
3歳・オープン・G1(定量)(牡・牝)(国際)(指定)/芝 1600m/18頭立

着	枠	馬	馬名	性齢	斤量	騎手	人気	単勝
1	6	11	ラウダシオン	牡3	57	M.デムーロ	9	29.6
2	2	3	レシステンシア	牝3	55	ルメール	1	3.0
3	3	6	ギルデッドミラー	牝3	55	福永祐一	6	19.0
4	1	2	タイセイビジョン	牡3	57	石橋脩	2	4.9
5	7	14	ルフトシュトローム	牡3	57	レーン	4	5.9

馬連③⑪4200円/3連複③⑥⑪19620円/3連単⑪③⑥152750円

末、勝利したのは1番人気フィエールマンで見事連覇を成し遂げた。大仕事なったかに見えた2着には11番人気のスティッフェリオ。そして3着にはオッズ的には少し離されてはいたが4番人気のミッキースワローが入線した。3連複13500円、3連単55200円の高配当となった。

上半期GⅠも半分を終え、続いては7戦目のNHKマイルC。重馬場の桜花賞で見せ場を作ったレシステンシアが牡馬に交じっての1番人気。ただしここは上位混戦といった様相を呈しており、4番人気ルフトシュトロームまでが一桁台で続いていた。当レースにしてはスローペースで流れた2020年は、逃げ粘る1番人気レシステンシ

2020年5月17日(日)　東京11R　ヴィクトリアマイル
4歳以上・オープン・G1(定量)(牝)(国際)(指定)／芝 1600m／18頭立

着	枠	馬	馬名	性齢	斤量	騎手	人気	単勝
1	6	12	アーモンドアイ	牝5	55	ルメール	1	1.4
2	8	18	サウンドキアラ	牝5	55	松山弘平	4	12.9
3	8	16	ノームコア	牝5	55	横山典弘	5	17.4
4	7	13	トロワゼトワル	牝5	55	三浦皇成	12	123.8
5	4	7	ダノンファンタジー	牝4	55	川田将雅	6	18.4

馬連⑫⑱750円／3連複⑫⑯⑱2960円／3連単⑫⑱⑯7340円

アを2番手追走の9番人気ラウダシオンが交わして勝利。3着には5番手追走の6番人気ギルデッドミラーが入線し、3連複19620円、3連単152750円。

8戦目のヴィクトリアMではアーモンドアイが参戦し話題となった。当然1番人気に支持。同馬が一頭抜けるオッズとなっていた。レースでもその支持通りのまさに圧勝。2着した4番人気のサウンドキアラは直線でアーモンドアイが来ても抵抗するそぶりも見せず自分の競馬に徹する形。結局、アーモンドアイは4馬身差をつけ直線では余裕も見せるレース内容だった。3着には5番人気のノームコア。アーモンドアイが抜けた人気だったという事もあり、3連複は2960円、3連単は7340円となった。

9戦目のオークスは牝馬二冠をかけてデアリングタクトが出走。前走で見せたパフォーマン

2020年5月24日(日)　東京11R　オークス
3歳・オープン・G1(定量)(牝)(国際)(指定)／芝 2400m／18頭立

着	枠	馬	馬名	性齢	斤量	騎手	人気	単勝
1	2	4	デアリングタクト	牝3	55	松山弘平	1	1.6
2	8	16	ウインマリリン	牝3	55	横山典弘	7	28.5
3	4	7	ウインマイティー	牝3	55	和田竜二	13	60.5
4	3	6	リアアメリア	牝3	55	川田将雅	8	30.8
5	6	12	マジックキャッスル	牝3	55	浜中俊	14	107.6

馬連④⑯1800円／3連複④⑦⑯15020円／3連単④⑯⑦42410円

ス、そしてライバルのレシステンシアも出走しないメンバー構成という事もあり、一本被りの1番人気となった。2番人気はデゼル、3番人気はクラヴァシュドールでここまでが一桁台のオッズ。レースはやはり1番人気のデアリングタクトにプレッシャーがかかる流れ。直線では前が壁になりタイトなレースとなったが、そこから一気に伸びるとゴール前で半馬身差交わして勝利。2着には7番人気のウインマリリン。3着には13番人気のウインマイティーが入線。2、3着は波乱となり3連複15020円、3連単は42410円。

そして10戦目は競馬の祭典ダービー。すでにGⅠを2勝している無敗のコントレイルが牡馬クラシック二冠をかけて1番人気に支持された。2番人気は皐月賞で距離不安を払しょくした朝日杯FS勝ち馬サリオスで、この2頭が抜

2020年5月31日(日)　東京11R　ダービー
3歳・オープン・G1(定量)(牡・牝)(国際)(指定)／芝 2400m／18頭立

着	枠	馬	馬名	性齢	斤量	騎手	人気	単勝
1	3	5	コントレイル	牡3	57	福永祐一	1	1.4
2	6	12	サリオス	牡3	57	レーン	2	4.4
3	3	6	ヴェルトライゼンデ	牡3	57	池添謙一	10	66.4
4	1	1	サトノインプレッサ	牡3	57	坂井瑠星	9	63.4
5	7	13	ディープボンド	牡3	57	和田竜二	8	61.6

馬連⑤⑫270円／3連複⑤⑥⑫2480円／3連単⑤⑫⑥5140円

けた人気となった。そしてレースは1番人気コントレイルが内枠から好位を追走して直線追い出しを待つ余裕を見せながら完勝。隙のない競馬で見事ＧⅠ３勝目、牡馬クラシック二冠達成となった。そして2着には後方から追い込んだ2番人気サリオス。人気が示す通り、この世代は2頭が抜けているという結果となった。ただし3着には10番人気のヴェルトライゼンデが入線と固くは収まらず。上位2頭が抜けていたので3連複2480円、3連単5140円と安くはなったが一筋縄ではいかない決着となった。

残すはあと2レース。11戦目は安田記念。前走のヴィクトリアＭを圧勝したアーモンドアイが未踏の中央ＧⅠ８勝目をかけて挑み、世間も1番人気に支持をした。2番人気は昨年の春秋マイルＧⅠを制したインディチャンプ。この2頭のみが一桁のオッズで人気集中。そしてその

2020年6月7日（日） 東京11R 安田記念
3歳以上・オープン・G1（定量）（国際）（指定）／芝 1600m／14頭立

着	枠	馬	馬名	性齢	斤量	騎手	人気	単勝
1	7	11	グランアレグリア	牝4	56	池添謙一	3	12.0
2	4	5	アーモンドアイ	牝5	56	ルメール	1	1.3
3	4	6	インディチャンプ	牡5	58	福永祐一	2	7.0
4	3	3	ノームコア	牝5	56	横山典弘	7	49.9
5	5	8	ケイアイノーテック	牡5	58	津村明秀	11	177.6

馬連⑤⑪650円／3連複⑤⑥⑪840円／3連単⑪⑤⑥11240円

予想通りに実力を発揮したのだが、その2頭よりも前にいたのは3番人気のグランアレグリアだった。アーモンドアイに2馬身半差をつける勝利は新しいマイル女王の誕生を示すのに十分な回答であった。人気上位3頭での決着で3連複は840円。ただしアーモンドアイが2着に敗れたことで3連単は11240円の万馬券となった。

そして上半期最後のGIとなる12戦目の宝塚記念。昨年の有馬記念で2着、前走の金鯱賞を完勝したサートゥルナーリアが1番人気となり、2番人気は大阪杯2着のクロノジェネシス。3番人気に大阪杯勝ち馬ラッキーライラックという順に。4番人気にはブラストワンピースが続いた。レース直前に急な雨が降り馬場は一気に水分を含むタフな状態に。その恩恵を最も受けたであろう2番人気のクロノジェネシス

2020年6月28日(日)　阪神11R　宝塚記念
3歳以上・オープン・G1(定量)(国際)(指定)／芝・内 2200m／18頭立

着	枠	馬	馬名	性齢	斤量	騎手	人気	単勝
1	8	16	クロノジェネシス	牝4	56	北村友一	2	4.1
2	7	14	キセキ	牡6	58	武豊	6	14.2
3	6	12	モズベッロ	牡4	58	池添謙一	12	106.1
4	3	5	サートゥルナーリア	牡4	58	ルメール	1	2.4
5	5	10	メイショウテンゲン	牡4	58	松山弘平	16	206.2

馬連⑭⑯3410円／3連複⑫⑭⑯51240円／3連単⑯⑭⑫183870円

が一頭違う手応えで4コーナーを推進。そのまま後続を寄せ付けず圧勝劇で勝利を収めた。2着にはこちらも馬場がプラスに出たキセキが6番人気で入線。3着には伸びあぐねる1番人気サートゥルナーリアを尻目に伸びた12番人気モズベッロ。波乱の決着となり3連複51240円、3連単183870円となった。

一番発生しやすい組み合わせは何か？

ここまでざっと振り返ってみたが、どうだろうか。何か気づくことはないだろうか？

なんと春のGⅠ全12戦のうち、フェブラリーS、高松宮記念、桜花賞、皐月賞、天皇賞(春)、ヴィクトリアM、ダービーと実に7つものレースで人気馬2頭と人気薄1頭で決着しているのだ。

そしてこの組み合わせこそ筆者は最も狙いやすいと考えている。人気馬3頭という組み合わせは安田記念の1回しかなく、しかも配当は3連複で840円。そもそもそれほど確率が高いわけでもないのに、当たっても見返りは少ない。割に合わないこの組み合わせは積極的に狙うべきではないだろう。逆に人気馬1頭と人気薄2頭の場合はNHKマイルC、オークス、宝塚記念の3回。それぞれ配当も魅力的ではあったが、5番人気以下の複勝率は基本的に低く、レース全体（2016年〜2020年9月）でみると10・9％と10回に1回程度しか馬券対象に絡めない。もちろん、2020年の上半期GIでも該当がゼロであった人気薄3頭と言う組み合わせを狙うのは気の遠くなる作業である。

なお、2016年から2020年9月6日までのレースにおいて、「人気馬3頭」の組み合わせの発生確率は21・5％。人気馬だけでの決着はあまり多くない。そして筆者が最も狙いとしていた「人気馬2頭＋人気薄1頭」の組み合わせの発生確率は49・7％とおよそ半分がこの組み合わせとなっている。2020年上半期GIも12戦中7戦という事で若干の上振れはあったものの、やはりこの範疇に収まっていたというわけだ。そして、「人気馬1頭＋人気薄2頭」の組み合わせの発生確率は25・6％。最後に「人気薄3頭」の組み合わせの発生確率は3・3％と

組み合わせ発生確率

組み合わせ	発生確率
人気馬3頭	21.5%
人気馬2頭+人気薄1頭	49.7%
人気馬1頭+人気薄2頭	25.6%
人気薄3頭	3.3%

なっている。

であるならば、実際に12戦中7戦で発生した人気馬2頭と人気薄1頭の組み合わせを狙うのが頻度の面でも、人気馬の中から2頭選ぶという予想の面でも最も合理的ではないだろうか。そもそも人気薄の定義としている5番人気以下の馬を2頭選ぶのも至難の業。人気馬の4頭から2頭を選ぶ方がはるかに楽である。

競走馬の能力は見知らぬ誰かが日々の研鑽により鍛え上げられたその武器で解き明かしてくれる。それならば我々はそれを有効活用しようではないか。実生活でもそうだろう。GAFAと呼ばれるGoogleやApple、Facebook、Amazonといった優れたテクノロジーを生み出す彼らの恩恵を受けて生活している。競馬でも優れた競馬人の英知を受け取ろう。それがオッズを見るという事である。

単純明快。そう、「競馬は人気馬2頭＋人気薄1頭の組み合わせでだいたい決まる」のである。

第2章

高的中率と高回収率を叶えるための券種選び

人気馬2頭＋人気薄1頭を実現させるには？

1章の最後にタイトルを回収したところで、この章では実際に「人気馬2頭＋人気薄1頭」をどうやって実現させるかを考えていきたい。それを考えるにあたり、まずは人気と着順の関係性について触れておきたい。

これまで勝率、連対率、複勝率というデータで各人気の好走率を見てきた。しかし、連対率には1着と2着の馬が、複勝率には1着と2着と3着の馬が含まれているという事を改めて理解しないといけない。つまり連対率には1着の率か2着の率かどちらが多いのか？複勝率は1着の率か2着の率か3着の率かどれが1番多いのか？という事である。これにより買うべき券種もよりイメージできることだろう。

では、1章で確認した2016年から2020年9月6日までの各人気の成績を、今度は1着率（勝率）、2着率、3着率で表してみた（P38参照）。するとどうだろうか。1番人気馬は1着率が最も高く32・5％。次に2着率が18・6％となり、最後に3着率が13・1％という順番になっている。つまり1番人気は3着よりも2着、そして2着よりも1着になる確率が高いという事だ。次は2番人気。こちらは1着率が19・1％、2着率は18・3％、3着率は13・8％となっている。2番人気も1番人気と同様、3着より2着、2着よりも1着になりやすいことがわかる。ちなみに、3着率は1番人気よりも2番人気の方が高い。

しかし3番人気から様相が異なる。1着率は13・3%で、2着率は14・7%と上回っているのだ。3着率も13・6%なのでこれも1着率よりわずかに高い。つまり3番人気は1着よりも3着、そして3着よりも2着になることの方が多いというわけである。

そして4番人気になると1着率9・3%に対して2着率は11・4%。さらに3着率は11・7%とわずかではあるが2着率をも上回っており、1着よりも2着、2着よりも3着になる確率の方が高いという事を表している。人気馬ゾーン全体では1着率が18・6%、2着率が15・7%、3着率が13・1%。1、2番人気の引き上げもあり、人気馬全体でみると3着よりも2着、2着よりも1着になる確率が高いという結果になっている。

人気馬ゾーンでも4番人気ではわずかではあったが3着率が最も高かった。人気馬ゾーンでもこうなのだから、人気薄ゾーンではよりこの傾向が顕著といえる。最上位人気となる5番人気は1着率が7・0%に対して、2着率は8・8%。3着率は10・5%としている。明らかに1着よりも2着、2着よりも3着という傾向が出ていると言っていいだろう。5番人気以下は全て1着率よりも2着率、2着率よりも3着率の方が高く、5～18番人気の人気薄ゾーン全体は1着率2・6%、2着率3・7%、3着率4・7%となっている。

つまり、基本的に人気薄が上の着順に来る可能性というのは極めて少ないというわけである。勝つ確率なんて40回に1回、つまり3場開催で36レースあったとすると1頭くらいしか勝

1着率、2着率、3着率成績

人気	1着数	2着数	3着数	4着数	5着数	着外数	総レース数	1着率	2着率	3着率
1番人気	5090	2914	2043	1324	988	3290	15649	32.5%	18.6%	13.1%
2番人気	2995	2863	2161	1655	1309	4666	15649	19.1%	18.3%	13.8%
3番人気	2083	2293	2130	1831	1522	5791	15650	13.3%	14.7%	13.6%
4番人気	1450	1784	1835	1824	1654	7102	15649	9.3%	11.4%	11.7%
5番人気	1098	1383	1639	1771	1737	8022	15650	7.0%	8.8%	10.5%
6番人気	854	1152	1382	1527	1639	9077	15631	5.5%	7.4%	8.8%
7番人気	624	904	1080	1327	1401	10245	15581	4.0%	5.8%	6.9%
8番人気	405	701	905	1080	1311	11037	15439	2.6%	4.5%	5.9%
9番人気	342	470	710	900	1042	11576	15040	2.3%	3.1%	4.7%
10番人気	255	398	507	721	852	11703	14436	1.8%	2.8%	3.5%
11番人気	161	274	440	515	676	11566	13632	1.2%	2.0%	3.2%
12番人気	132	207	321	425	545	11072	12702	1.0%	1.6%	2.5%
13番人気	85	141	220	292	406	10384	11528	0.7%	1.2%	1.9%
14番人気	52	86	138	228	287	9597	10388	0.5%	0.8%	1.3%
15番人気	30	46	88	145	155	8548	9012	0.3%	0.5%	1.0%
16番人気	15	26	42	74	105	6732	6994	0.2%	0.4%	0.6%
17番人気	2	9	11	11	12	1435	1480	0.1%	0.6%	0.7%
18番人気	1	2	6	7	8	1161	1185	0.1%	0.2%	0.5%

たないというのが全体的な傾向なのだ。もちろん、二桁人気など下位が数値を引っ張っているので実際に人気薄ゾーンの1着確率はそこまで低くはない。1番人気の勝率ですら32・5％なので、10回に7回は1番人気以外が1着になるチャンスはあることになる。ただし人気薄を狙うという事は確率の低い戦いとなることは理解しておくに越したことはないだろう。

それぞれの券種の特性と効果

では、これらのことを踏まえて「人気馬2頭+人気薄1頭」で勝つためにどのようにすればいいのかを、JRAで発売されている各券種別に考えていきたい。

・単勝

券種別にみる「人気馬2頭＋人気薄1頭」の発生割合及び周辺データ

券種	発生確率	平均買い目数	平均獲得配当	配当レンジ(最多シェア)
単勝	100%	14.1点	1,041円	100～499円
複勝	100%	14.1点	1,035円	100～499円
馬連	91.4%	46.6点	3,662円	2,000～4,999円
馬単	91.4%	93.1点	7,091円	2,000～4,999円
ワイド	96.7%	46.6点	3,513円	100～499円
3連複	49.7%	60.8点	8,751円	10,000～99,999円
3連単	49.7%	365.1点	53,019円	10,000～99,999円

●「人気馬2頭+人気薄1頭」の決着を想定した場合、単勝、複勝だと1頭を選ぶ券種のため人気馬でも人気薄でも「人気馬2頭+人気薄1頭」の組み合わせに該当し、発生確率は100%となる。馬連、馬単だと連対する2頭を選ぶ券種のため人気薄2頭が連対しない限り「人気馬2頭+人気薄1頭」の組み合わせに該当し、発生確率は91.4%となる。ワイドだと(基本的に)3着までに入る馬2頭を選ぶ券種のため、人気薄3頭が3着内を占めない限り「人気馬2頭+人気薄1頭」の組み合わせに該当し、発生確率は96.7%となる。3連複、3連単だと1～3着馬を選ぶ券種のため「人気馬2頭+人気薄1頭」のみ該当し、発生確率は49.7%となる。
●平均買い目数は単勝、複勝は全頭。馬連、馬単、ワイドは人気馬と人気馬、人気馬と人気薄の組み合わせ。3連複、3連単は人気馬2頭と人気薄1頭の組み合わせを購入した平均値。
●平均獲得配当はその組み合わせで的中した配当の平均値となる。
●配当レンジは配当金額の最も多いシェアを表記している。

単勝とは1着になる競走対象を予想する投票法である。

この場合は単純に勝ち馬を予想するだけなので、「人気馬2頭＋人気薄1頭」に当てはめるとすれば人気馬2頭の方か人気薄1頭の方かどちらが勝つ可能性が高いか、という事を考える必要がある。そのため、発生確率としては100％該当することになる。

前述しているように、勝率は1番人気が最も高く2016年から2020年9月6日までで32・5％を記録している。人気馬ゾーンである1～4番人気は勝率18・6％。一方、人気薄では最も人気の5番人気が勝率7・0％。人気馬ゾーンである1～4番人気の半分にも達していない。おそらく単勝を買う際は人気馬2頭の1頭が勝利するという結論になるはずだ。ただしこの場合、人気馬4頭のどれを選ぶかが問題と

各券種組み合わせ毎の成績　単勝

組み合わせ	発生確率	平均買い目数	平均獲得配当	配当レンジ(最多シェア)
人気馬	74.2%	4点	426円	100～499円
人気薄	25.9%	10.1点	2,799円	100～499円

配当レンジ(円)	シェア(%)
100～499	51.0
500～999	24.8
1000～1999	13.3
2000～4999	7.9
5000～9999	2.2
10000～99999	0.9
100000～	0

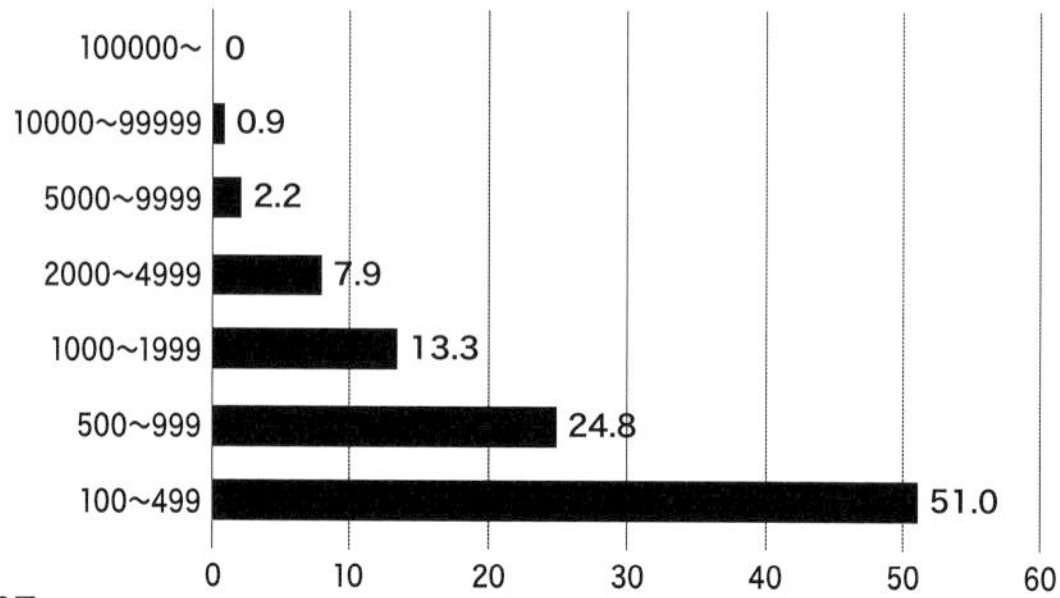

●集計期間は2016年～2020年9月6日
●「平均買い目数」および「平均獲得配当」は、該当馬すべてを購入した際に必要となる点数、得られた配当を意味します。
●配当レンジ（最多シェア）は、的中時に最も発生率が高かった配当帯を表します。

なってくる。なお、2016年から2020年9月6日までで1～4番人気のいずれかが1着になる確率は74・2％も存在している。確率的にはかなり高いこの場合において、1着率の高かった1番人気、もしくは2番人気を選ぶのがやはり無難になってくるだろうか。人気馬ゾーンの平均獲得配当は426円。これに魅力を感じないのであれば、25・9％は人気薄ゾーン（5～18番人気）の馬から1着馬が出てくるのでそちらを狙ってもいいか。この場合、平均獲得配当は2799円まで上昇する。

いずれにせよ、1着馬を選ぶという券種では工夫できる余地が少なく、「人気馬2頭＋人気薄1頭」システムにはあまり利用できる券種ではないと言える。

・複勝

複勝とは出走馬が5頭以上7頭以下の場合は2着

各券種組み合わせ毎の成績　複勝

組み合わせ	発生確率	平均買い目数	平均獲得配当	配当レンジ（最多シェア）
人気馬	96.7%	4点	333円	100～499円
人気薄	78.4%	10.1点	910円	100～499円

配当レンジ(円)	シェア(%)
100～499	84.2
500～999	10.4
1000～1999	3.9
2000～4999	1.3
5000～9999	0.1
10000～99999	0
100000～	0

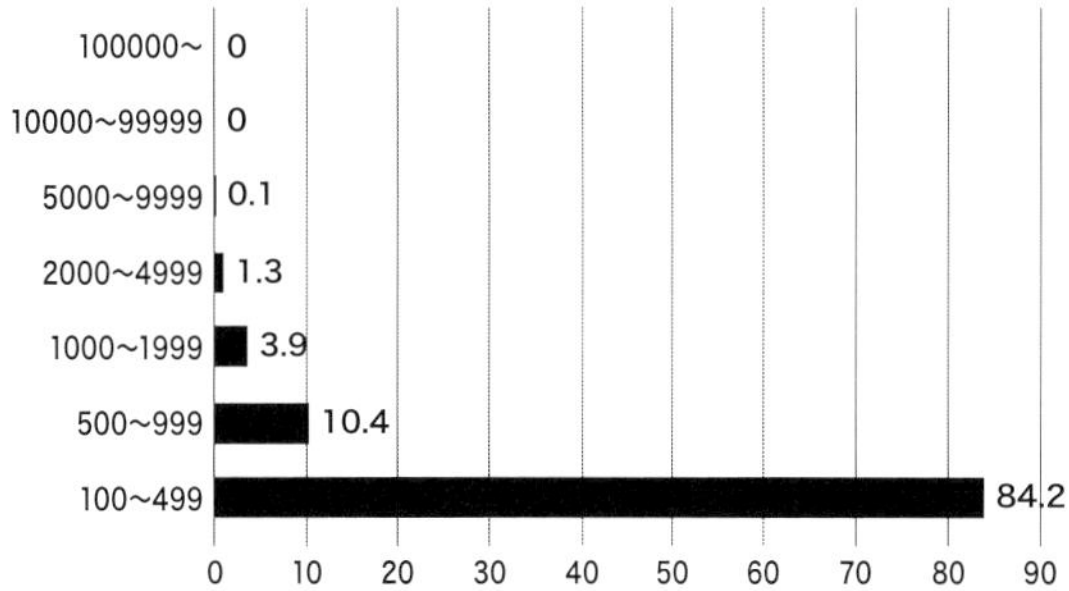

●集計期間は2016年～2020年9月6日
●「平均買い目数」および「平均獲得配当」は、該当馬すべてを購入した際に必要となる点数、得られた配当を意味します。
●配当レンジ（最多シェア）は、的中時に最も発生率が高かった配当帯を表します。

以内に入る馬1頭を、出走馬が8頭以上の場合は3着以内に入る馬1頭を予想する投票法である。つまり、出走馬が7頭以下の場合は予想した馬が1着、2着のいずれかであること。出走馬が8頭以上の場合は予想した馬が1着、2着、3着のいずれかであれば的中となる。

こちらは単勝と違い、通常1～3着に入れば的中という券種のため、人気薄ゾーンを狙うという買い方も可能である。5～18番人気の複勝率は10・9％だが、そのうち1頭が複勝圏内となる確率は78・4％と非常に高い。人気薄は1着よりも2着、2着よりも3着になる確率が高いので、複勝という券種ならそれがカバーできるだろう。ただし、人気薄ゾーンは最大で14頭が出走する。当然複勝なら買う馬はこの中から絞らないといけない。全頭買うと回収率は70・3％となってしまう。複勝回収率は13番人気となると70％すら切ってしまう。3着率も1％台となり、もちろん来れば大きいがこのあたりは消した方が本来は得策なのだ。超人気薄は来た時のイメージが大きく残ってしまうが、好走率で見ても回収率で見ても買うべきではないだろう。

ただし、いずれにしても、複勝も1頭を選ぶ券種のためこれも工夫できる余地が少なく、「人気馬2頭＋人気薄1頭」システムにはあまり利用できる券種ではないだろう。

ちなみに、1～4番人気のうち1頭が複勝圏内となる確率はなんと96・7％と圧倒的。最低でもほぼ1頭は人気馬が絡むと考えて間違いないだろう。人気薄が複勝圏内を全て占めるという確率は極めて低いのである。

・馬連

馬連とは1着、2着になる馬の組み合わせ2つをそれらの着順は問わず順不同で予想する投票法である。例えば1着が1番、2着が2番の場合、1－2が的中となる。

馬連の場合は順不同なので、「人気馬2頭＋人気薄1頭」システムに当てはめるなら考えるべき組み合わせは人気馬2頭による決着か、人気馬1頭と人気薄1頭という決着になるだろう。

まずは人気馬2頭による決着の場合について考えてみたい。すでに説明しているように、人気馬は3着よりも2着、そして2着よりも1着になる確率の方が高い。3着率よりも2着率の

各券種組み合わせ毎の成績　馬連

組み合わせ	発生確率	平均買い目数	平均獲得配当	配当レンジ(最多シェア)
人気馬ー人気馬	45.7%	6点	1,025円	2,000〜4,999円
人気馬ー人気薄	45.8%	40.6点	6,292円	2,000〜4,999円

配当レンジ(円)	シェア(%)
100〜499	10.4
500〜999	18.5
1000〜1999	22.3
2000〜4999	24.4
5000〜9999	11.8
10000〜99999	12.0
100000〜	0.4

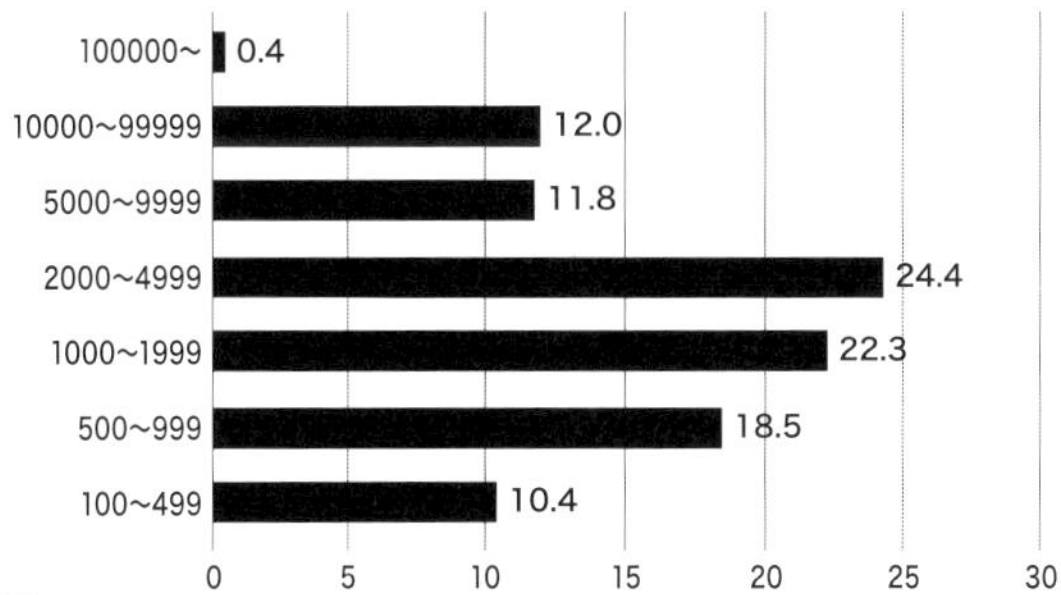

●集計期間は2016年〜2020年9月6日
●「平均買い目数」および「平均獲得配当」は、該当馬すべてを購入した際に必要となる点数、得られた配当を意味します。
●配当レンジ（最多シェア）は、的中時に最も発生率が高かった配当帯を表します。

方が高いのは1〜3番人気まで。4番人気が2着率11・4％、3着率11・7％でほぼ互角。人気馬ゾーンの中で最下位人気の4番人気までが2着率の分水嶺と言えるだろう。この点からも、人気馬の定義を1〜4番人気としたのは都合がよかったと言える。なお、馬連において人気馬2頭の組み合わせの発生確率は45・7％とおおよそ半数がこのパターンで決着している。

次に人気馬と人気薄による決着の場合について考えていこう。まず、5〜18番人気の人気薄ゾーン全体は1着率2・6％、2着率3・7％、3着率4・7％。人気馬と違い、人気薄は1着より2着、2着より3着になる確率が高くなっている。馬連で狙う場合は2着には入らないといけないので注意が必要である。人気薄にとって3着よりも2着になるという事は難しいことなのだ。ただし人気馬と人気薄による決着の発生確率は45・8％となり、実は人気馬2頭による決着とほぼ同じ確率で発生している。意外と多く発生しているのでこのパターンの組み合わせも積極的に狙ってみてもいいかもしれない。平均獲得配当も6292円へと上がる。その分平均買い目が増えるので最初の投資金額は増えるが、リターンを狙うのであればこの組み合わせもいいだろう。とはいえ、人気薄の2着率3・7％を上回っているのは人気薄ゾーンの中でも5～9番人気まで。10番人気は2着率2・8％とこれより下がり、以下はさらに低い。いわゆる大穴馬券も狙える10番人気以下が来た場合に限定すると発生確率は8・9％と極端に減少しているのだ。馬連による人気馬と人気薄による決着は積極的に狙ってもいいが、人気薄ゾーンでも5～9番人気までにするなどの工夫は必要かもしれない。

ちなみに、本書では狙わないゾーンである人気薄2頭が1、2着に来るパターンは発生確率がわずか8・6％と非常に少なくなっている。さらに人気薄の中でも10番人気以下同士の決着にまで限定するとなんと0・5％しか発生していない。大万馬券になるような組み合わせとなるとさらに確率が下がるので、これは狙って取るものではないだろう。

・馬単

馬単とは1着、2着になる競走対象の組み合わせ2つをそれらの着順通りに予想する投票法である。例えば1着が2番、2着が1番の場合、2→1が的中となるが、1→2は不的中とな

各券種組み合わせ毎の成績　馬単

組み合わせ	発生確率	平均買い目数	平均獲得配当	配当レンジ(最多シェア)
人気馬→人気馬	45.7%	12点	1,989円	2,000～4,999円
人気馬→人気薄	28.5%	40.6点	9,905円	2,000～4,999円
人気薄→人気馬	17.3%	40.6点	15,860円	2,000～4,999円

配当レンジ(円)	シェア(%)
100～499	2.8
500～999	10.3
1000～1999	18.6
2000～4999	27.8
5000～9999	16.8
10000～99999	22.1
100000～	1.7

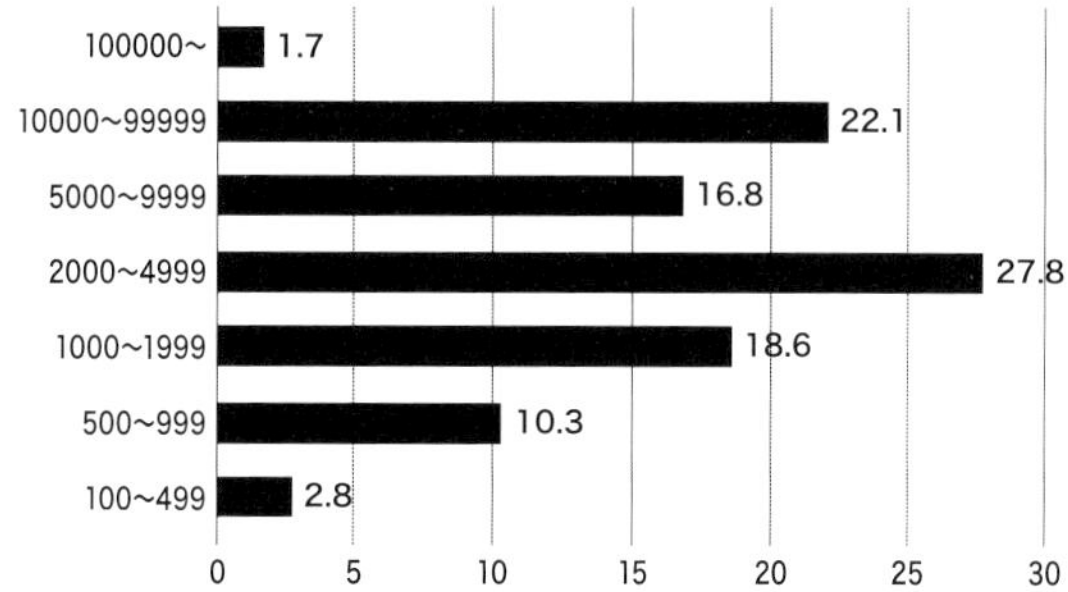

●集計期間は2016年～2020年9月6日
●「平均買い目数」および「平均獲得配当」は、該当馬すべてを購入した際に必要となる点数、得られた配当を意味します。
●配当レンジ（最多シェア）は、的中時に最も発生率が高かった配当帯を表します。

る。

馬連と同様、「人気馬2頭＋人気薄1頭」システムにおいてこのパターンで考えるべき組み合わせは人気馬2頭による決着か、人気馬1頭と人気薄1頭という決着になる。しかし馬連と違う点は順番も的中しなければいけないという事だ。そのためより細かく言うならば、人気馬―人気馬の決着、人気馬―人気薄の決着、人気薄―人気馬の決着の計3パターンとなる。

まずは人気馬2頭による決着の場合。これは実質的には馬連の場合と同じとなる。つまり発生確率は45・7％と全体の半分を占める。平均買い目数は12点で平均獲得配当は1989円。おおむね馬連の倍となるが、若干馬単の方が平均獲得配当は低いので、馬単を買うよりは馬連の方がよさそうだ。なお、人気馬ゾーンの中で2着率よりも1着率の方が高かったのは1、2

番人気。人気馬同士の決着においてもやはりこの2頭が1着に入線する確率が高く、発生確率は31・6%とほとんどが1、2番人気の勝利するパターンに偏っている。残り14・1%が3、4番人気の勝利するパターンとなり、同じ人気馬同士の決着の中でも優劣が大きくなっている。

続いては人気馬1頭と人気薄1頭という決着の場合。こちらも基本的には先ほどの馬連の時と同様に45・8%がこの組み合わせで決着することになる。しかし、馬単の場合は前述しているように着順通りに予想しなければならない。人気馬—人気薄の決着なのか、人気薄—人気馬の決着なのか、である。

まずは前者の場合だが、発生確率は28・5%。やはり半分以上はこちらでの決着となっているということになる。何度も説明している通り、人気馬は2着よりも1着になる確率が高い。逆に人気薄は1着よりも2着になる確率の方が高いのだから当然と言えるだろう。そのため後者の発生確率は17・3%とその分劣っている。平均獲得配当は前者が9905円に対して後者は15860円。馬単の中で配当を上げているのは人気薄が着順を上げるパターンで、高配当を狙うのであればこの組み合わせに振り切る必要があるだろう。

なお、馬連同様こちらも本書では狙わないゾーンとなる人気薄2頭が1、2着に来るパターンは発生確率がわずか8・6%となる。

各券種組み合わせ毎の成績　ワイド

組み合わせ	発生確率	平均買い目数	平均獲得配当	配当レンジ(最多シェア)
人気馬ー人気馬	71.2%	6点	667円	100～499円
人気馬ー人気薄	75.3%	40.6点	3,882円	1,000～1,999円

配当レンジ(円)	シェア(%)
100～499	30.8
500～999	25.2
1000～1999	20.2
2000～4999	15.4
5000～9999	5.3
10000～99999	3.1
100000～	0

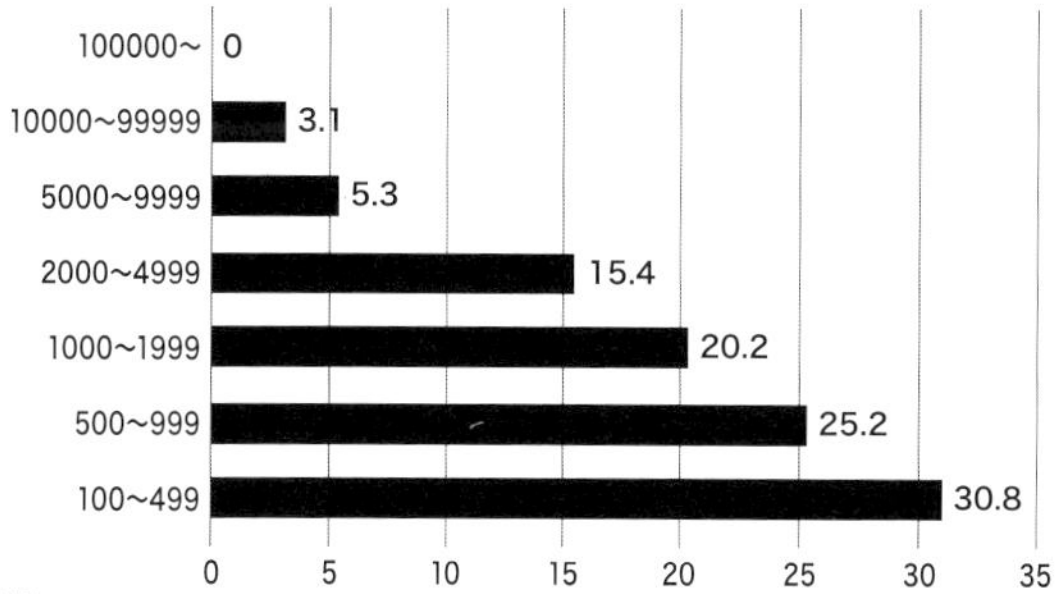

●集計期間は2016年～2020年9月6日
●「平均買い目数」および「平均獲得配当」は、該当馬すべてを購入した際に必要となる点数、得られた配当を意味します。
●配当レンジ（最多シェア）は、的中時に最も発生率が高かった配当帯を表します。

・ワイド

ワイドとは3着以内に入る競走対象の組み合わせのうち2つを、着順は問わずに順不同で予想する投票法である。つまり、予想した組み合わせが1着か2着、1着か3着、2着か3着のいずれかであれば的中となる。例えば1着が1番、2着が2番、3着が3番の場合には1－2、1－3、2－3の3つの投票券が的中となる。

ワイド最大の魅力は2頭選んだ馬が1～3着内に入れば的中になるという事。そして、複数購入していれば最大で3点的中することができる、という点である。つまり1着より2着、2着より3着になりやすい人気薄を拾いやすい馬券でもあり、そして購入した組み合わせによっては複数的中という事にもなる。人気薄が2着までに入らないといけず、かつ的中馬券も1つしかない馬連や馬単との大きな違いだろう。

「人気馬2頭＋人気薄1頭」システムにおいては実に96・7％が発生確率となっている。馬連や馬単よりも高くなるのは、前述のとおり2頭選んだ馬が1～3着内に入れば的中になるため。馬連や馬単では的中にならなかった1着人気薄、2着人気薄、3着人気馬という「人気馬1頭＋人気薄2頭」パターンでも的中となるためである。

ただしワイドでは配当面でいささか不満の残る結果となるだろうか。配当レンジで最もシェアが多かったのは100～499円。そう感じるなら馬連や馬単と同様に、購入する2頭の組み合わせの中で人気馬2頭決着のパターンを省いて購入するというのもありだろう。これなら発生確率も75・3％と引き続き高い水準をキープしながら、最もシェアが多い配当レンジも1000～1999円と一気に引き上げられる。

・3連複

3連複とは1着、2着、3着になる組み合わせ3つを着順は問わずに順不同で予想する投票法である。例えば1着が1番、2着が2番、3着が3番の場合、1－2－3が的中となる。

3連系の馬券ではこれまで許されてきたあいまいさが許されず、明確に「人気馬2頭＋人気薄1頭」で決着しなければいけない。「人気馬3頭」や「人気馬1頭＋人気薄2頭」、そして「人気薄3頭」は全て3連系では不適中の組み合わせとなるので注意が必要だ。仮に「人気馬1頭＋人気薄

各券種組み合わせ毎の成績　3連複

組み合わせ	発生確率	平均買い目数	平均獲得配当	配当レンジ(最多シェア)
人気馬ー人気馬ー人気薄	49.7%	60.8点	8,751円	10,000～99,999円

配当レンジ(円)	シェア(%)
100～499	2.6
500～999	7.5
1000～1999	14.5
2000～4999	24.0
5000～9999	17.2
10000～99999	29.9
100000～	4.4

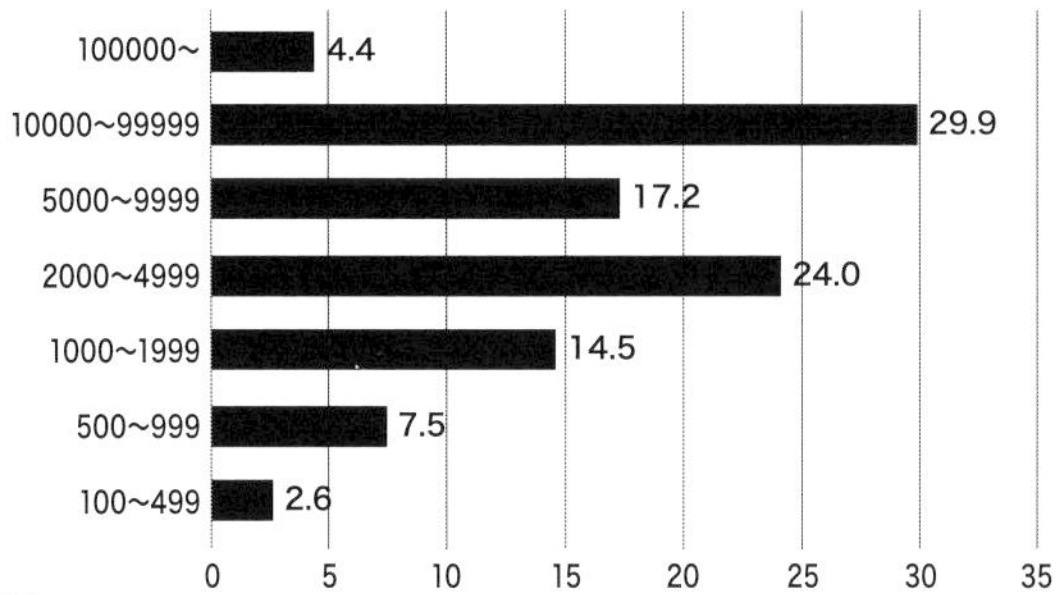

●集計期間は2016年～2020年9月6日
●「平均買い目数」および「平均獲得配当」は、該当馬すべてを購入した際に必要となる点数、得られた配当を意味します。
●配当レンジ（最多シェア）は、的中時に最も発生率が高かった配当帯を表します。

2頭」による決着でも1着が人気馬、2着が人気薄であれば的中していた馬連や馬単、ワイドとはその点が異なる。

そのため、発生確率は49・7%とこれまでに比べて半分ほどに下がっている。ただしこの組み合わせでも2回に1回程度は的中できるのだから十分ではないだろうか。そして何よりもこれまでの券種と異なる点は配当面だろう。順不同とはいえ3頭すべてを的中させる必要があり、難易度が上がるのがその要因だ。平均獲得配当は８７５１円。配当レンジの最も多いシェアは１００００円から９９９９９円となり、万馬券も狙える券種となっている。さらに平均買い目点数も60・8点に収まっているのも馬券を組み立てるうえで非常に有効。配当、買い目とバランスが取れている。

また、3連複は着順が順不同であることも魅力的である。再三説明しているように、人気薄の馬は1着よりも2着、2着よりも3着になる可能性の方が高い。「人気馬1頭＋人気薄2頭」システムにおいては最も使い勝手の良い券種だと言える。

・3連単

3連単とは1着、2着、3着になる競走対象の組み合わせ3つを着順通りに予想する投票法である。例えば1着が1番、2着が2番、3着が3番の場合、1→2→3が的中となり、2→1→3や1→3→2などたとえ3着以内であっても着順通りの組み合わせでなければ不的中となる。

3連複と同様、3連単も「人気馬2頭＋人気薄1頭」のパターンにならないと的中には結びつかない。ただしこれは2回に1回は発生するため（49・7％）、そこまで苦にはならないだろう。予想した1レースが外れた場合、確率的にはその次のレースではこのパターンで決着するという事になるのだ。

3連単の場合、最も懸念すべきはその買い目の多さになるだろう。「人気馬2頭＋人気薄1頭」で決まるパターンとはいえ、それには「人気馬→人気馬→人気薄」、「人気馬→人気薄→人気馬」、「人気薄→人気馬→人気馬」とパターンが異なるからだ。平均買い目数は365・1点と3連複のおよそ6倍。1レースあたりにどれだけ資金をかけられるかがポイントとな

各券種組み合わせ毎の成績　3連単

組み合わせ	発生確率	平均買い目数	平均獲得配当	配当レンジ(最多シェア)
人気馬→人気馬→人気薄	24.3%	121.7点	35,729円	10,000〜99,999円
人気馬→人気薄→人気馬	15.8%	121.7点	57,059円	10,000〜99,999円
人気薄→人気馬→人気馬	9.8%	121.7点	88,702円	10,000〜99,999円

配当レンジ(円)	シェア(%)
100〜499	0
500〜999	0.5
1000〜1999	2.3
2000〜4999	9.2
5000〜9999	13.2
10000〜99999	51.4
100000〜	23.4

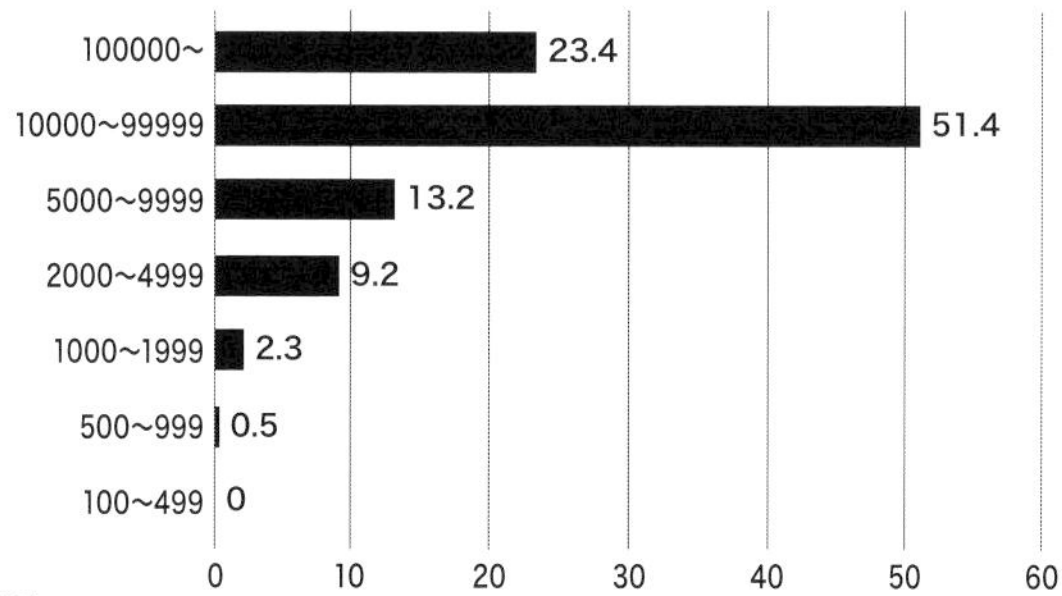

●集計期間は2016年〜2020年9月6日
●「平均買い目数」および「平均獲得配当」は、該当馬すべてを購入した際に必要となる点数、得られた配当を意味します。
●配当レンジ（最多シェア）は、的中時に最も発生率が高かった配当帯を表します。

る。とはいえ、平均獲得配当は５３０１９円、配当レンジの最多シェアは１００００〜９９９９９円と的中すればほぼ万馬券が約束されているようなもの。投資金額が増えても回収額を増やしたいという方にはおすすめできるだろう。

また、そこまで投資できないという方はパターンを絞るというのも一つの手である。馬単のところでも説明したが、人気薄は1着よりも2着、2着よりも3着になる可能性の方が高いため、決着する組み合わせの中でも「人気馬→人気馬→人気薄」を狙い撃つという手も考えられるだろう。この場合の発生確率は24・3%。つまり3連単における「人気馬2頭＋人気薄1頭」システムのおよそ半分の馬券がこのパターンに該当していることになる。それでいて平均買い目点数は１２１・７点まで抑えることができ、かつ平均獲得配当も35729円と万馬券も的中することができる。なお、「人気馬→人気薄→人気馬」の場合の発生確率は15・8％。平均買い目点数は121・7点で、平均獲得配当は57059円となる。もし余裕があるという方はここまでは押さえてみてもいいかもしれない。そして「人気薄→人気馬→人気馬」の場合の発生確率は9・8％。平均買い目点数は121・7点で、平均獲得配当は88702円。かなり高配当が狙えるゾーンではあるが、発生確率は10％を下回っているので積極的には押さえなくても良さそうだ。

いずれにせよ、3連単の場合は買い目の点数をどうするかがポイントとなるだろう。

最も攻守のバランスが良い馬券は3連複

さて、ここまで「人気馬2頭＋人気薄1頭」で決着する場合の発生確率や平均買い目、平均点数、平均獲得配当などを用いて各券種の使い方を説明してきたが、イメージは固まっただろうか。筆者個人の意見を言うと、最も使いやすい券種はやはり3連複になるのではないかと思う。

まず単勝と複勝はあまり工夫の余地がないという事で割愛。3連複の平均買い目数60・8点は馬連より15点ほど多いという差だが、平均獲得配当は馬連が3662円に対して3連複は8751円と、およそ5000円3連複の方が高くなっている。また、平均獲得配当が

７０９1円と馬連よりも高い馬単は平均買い目が93・1点と3連複の60・8点よりも多く、かつ獲得配当も3連複の方が上。そして最後に3連単との比較だが、ここは平均獲得配当で3連複と比較しておよそ6倍。その点は確かに魅力的ではあるのだが、平均買い目数も３６５・１点と6倍まで膨れ上がるのが難点だ。初期投資に平均3万円以上も使うのはなかなかできるものではないだろう。これらを考えると、最も攻守のバランスが良いのは平均買い目数もある程度抑えられ、かつ平均獲得配当もそれなりに高い3連複と結論している。ただ、そこは読者の方々の懐事情など様々なことを総合して考えていただきたい。各券種の組み立てるヒントはすでに記してあるので大いに役立てていただければ幸いだ。

では、この章の最後では1章でも取り上げた２０２０年上半期ＧＩの12戦でどの券種なら的中していたかを振り返っておきたい。

単勝や複勝の発生確率は１００％なので多くは触れないが、馬連や馬単は1着、2着ともに人気薄というパターンは不的中となる。しかし２０２０年上半期のＧＩでこのパターンは当てはまっていないので発生確率は１００％となった。しかし、回収率は１００％を下回っている。とはいえ、馬連の回収率96・９％は優秀だ。ただし、回収率を上げるためには再三述べているように人気薄の組み合わせを引く必要があるが、人気薄は1着より2着、2着より3着になる可能性が高い。その点で2着までに入線しないと的中にならない馬連や馬単という券種

馬連	馬単	ワイド			3連複	3連単
36,230	46,980	11,170	520	18,320	95,310	464,920
9,150	26,540	3,540	3,770	880	26,540	217,720
1,110	1,970	370	340	390		
1,110	1,930	490	2,880	2,480	12,590	47,760
660	1,120	330	2,250	2,610	9,150	26,310
5,770	7,410	1,790	510	5,160	13,500	55,200
4,200	11,900	1,570	6,240	1,230		
750	950	390	530	1,530	2,960	7,340
1,800	1,950	770	1,750	5,740		
270	350	170	790	1,830	2,480	5,140
650	2,840	260	590	170		
3,410	5,350	790	3,910	12,070		
96.9%	81.3%	110.2%			176.5%	152.7%

は不利だと言えるだろう。そして、そういう意味で３着でも的中となるワイドは回収率が１１０・２％と１００％を超えてきた。しかもワイドなら複数的中の目もあり、優れた回収率を記録する要因となっている。

そして３連系は「人気馬２頭＋人気薄１頭」という枠に収まらないといけないため、外れるレースも出てきている。しかし的中した際には配当も良い。特に２０２０年の上半期ＧⅠはこのパターンが多く、３連複では回収率１７６・５％、３連単では回収率１５２・７％とともに１００％超えを達成している。回収率に差が出ているのはやはり買い目数の差だろう。ある程度投資金額を抑えることができ、かつリターンも大きくなる３連複が最も使いやすいという事を改めて証明する形となっただろう。

ここまでで「人気馬２頭＋人気薄１頭」シス

2020春GIのシミュレーション結果

レース名	組み合わせ	単勝	複勝		
フェブラリーS	人気馬ー人気薄ー人気馬	280	160	2,160	220
高松宮記念	人気薄ー人気馬ー人気馬	3,230	810	210	290
大阪杯	人気馬ー人気馬ー人気馬	410	140	160	140
桜花賞	人気馬ー人気馬ー人気薄	420	190	170	730
皐月賞	人気馬ー人気馬ー人気薄	270	140	170	690
天皇賞(春)	人気馬ー人気薄ー人気馬	200	130	830	290
NHKマイルC	人気薄ー人気馬ー人気薄	2,960	810	180	440
ヴィクトリアM	人気馬ー人気馬ー人気薄	140	110	220	300
オークス	人気馬ー人気薄ー人気薄	160	130	420	830
ダービー	人気馬ー人気馬ー人気薄	140	110	140	520
安田記念	人気馬ー人気馬ー人気馬	1,200	180	110	130
宝塚記念	人気馬ー人気薄ー人気薄	410	180	370	1,280
回収率		49.6%	71.2%		

●配当の空欄部分は人気馬２頭+人気薄１頭の結果に当て嵌まってないため不的中扱い。

テムの説明は終了となる。３章では過去の事例を振り返りつつ、実際にどういうレースで的中していたのかを見ていきたい。

第3章 無謀な穴馬探しより確実な本命馬選びが福を呼ぶ

ある程度の的中率を保ちつつ利益をもたらす唯一無二の方法

競馬で儲けようとするならば、ある程度人気薄を拾うことが重要になってくる。そして、人気薄は1着より2着、2着より3着になる確率が高い。もっと言うならば、3着よりも着外になる可能性の方が高いのだ。つまり、馬券で儲けようと思うと外れることも許容しなければならない。

もちろん、的中しなければお金は返ってこないのは事実である。仮に1万円分馬券を購入して、トリガミになったとしても回収率90％と外れて0％では残るお金は全く違う。前者は9000円が返ってくるが、後者は1円も残らないのだ。次につなげるという意味では外れるよりもトリガミでも的中をもぎ取ることは決して理解できないものではない。

しかし、それではだめなのだ。だからと言って、的中至上主義に走ってはいけない。これは2章の最後に取り上げた2020年上半期のGI成績を見れば理解できるだろう。単勝や複勝、馬連、馬単など発生確率の高かった券種というのはいずれも回収率が100％を下回っていた。一方、発生確率は半分ほどにはなったが3連複や3連単といった券種は回収率が100％を上回っていた。このことからも、馬券で勝つにはある程度外れを許容し、人気薄を含めた馬券を狙っていかなければならないというわけである。

ただしこれもここまでの振り返りにはなるが、外れを許容しても的中率を無視するわけにはいかない。「人気馬1頭＋人気薄2頭」という組み合わせは2016年から2020年9月6日までの集計期間で25・6％しか発生していないのだ。「人気薄3頭」に限っては3・3％まで発生確率が下がってしまう。いくら何でもここまで外れが続くと回収できない。つまりある程度外れることも許容して人気薄を狙いつつ、かつある程度的中率も保てるというのが発生確率49・7％と2回に1回出現する「人気馬2頭＋人気薄1頭」の組み合わせなのである。このパターンに狙いを定めて馬券を組み立てていくことこそが本書のテーマとなる。

この章では実際に「人気馬2頭＋人気薄1頭」という組み合わせで的中できたレース、また、的中はできなかったが的中することができたであろうレースなどをピックアップして、よりイメージを膨らませていただこうと思う。ピックアップした各レースにはそれぞれ馬券を購入する際に注目すべきデータも紹介している。これらを意識しつつ、予想していくだけで的中確率はグンと上がるだろう。

「人気馬2頭＋人気薄1頭」を意識するだけでこんなにも簡単に的中することができるのか！と思っていただけたら幸いである。

本書執筆の契機となった「人気馬2頭＋人気薄1頭」決着

【2020年3月29日　中京11R　高松宮記念】

筆者は以前から「人気馬2頭＋人気薄1頭」で決まることが多く実際にその組み合わせの馬券も買っていたのだが、その思いをより強くさせたのが2020年最初のGIとなったフェブラリーステークスであった。1番人気のモズアスコットが勝利し、3着には3番人気のサンライズノヴァが入線。人気、実績を考えても当然評価できる2頭が好走したが、2着に16頭立ての最低人気ケイティブレイブが入線したことで3連複は95310円の配当となったのだ。3連単は464920円。十分狙えるレースだった。

それだけに続く高松宮記念はどうしても的中したかったのだ。1番人気は前年のスプリンターズステークスの勝ち馬であるタワーオブロンドン。しかし、休み明けの前走が案外な結果で単勝オッズは3・8倍と押し出された1番人気という感があった。続く2番人気には前走の阪神カップが圧巻の競馬であったグランアレグリア。1200mは初めてだったがその素質を評価されての支持であっただろう。そして3番人気には昨年のスプリンターズステークス3着、前走のオーシャンステークスを完勝したダノンスマッシュとなった。ただし、ここまでの戦歴から左回りを苦手としている節があり、また休み明けの方が高パフォーマンスを上げることから3番人気に留まっていた。最後の4番人気がダイアトニック。近4走でスワンステークス勝利、京都金杯2着、阪急杯3着と重賞で好走している勢いが評価された。

人気馬の中でも一長一短。こういう時は今なら「人気馬―人気馬―人気薄」のフォーメーシ

2020年3月29日　中京11R　高松宮記念

1白	1	関東(67.4)67.8 ⋮⋮⋮◎△⋮△ 19.2 ←圏	57	丸山 0012	⊗ロードカナロア 牡5 ステルヴィオ ラルケット④ 鹿毛 ファルブラヴ サンデーR ノーザンファーム	木村 1.0.0.0 4-3-1-5 左0右1芝5ダ1 12800 ••••⑤••• 中3週 0001	3東②6・2安田記GI16ト8 天芝C1313レーン58△ S36.2-32.6 ⑭⑮⑮外 インディチャ0.4 486 8ド5 南W 53.9 38.8 12.1	1阪②3・1阪急杯GIII18ト5 高芝内A1205丸山57▲ M35.0-34.2 ⑫⑩⑩ ベストアクタ0.2 492 7ド4 南W 68.4 38.8 12.1
	2	(65.4)67.9 ⋮⋮△⋮⋮△ 26.2 ←圏	55	松山 初騎乗	⊗ジャスタウェイ 牝4 アウィルアウェイ ウィルパワー④ 鹿毛 キングカメハメハ 吉田勝己 ノーザンファーム	高野 0.0.0.1 4-1-1-4 左0右0芝5ダ0 5300 ①••••••• 中7週 1000	5京⑧11・24京阪杯GIII18ト4 三芝内C1093北村友53△ M35.4-33.9 ⑪⑩内 ライトオンキ0.5 474 11ド6 栗坂 54.1 38.1 12.3	2京②2・2シルクGIII18ト1 三芝内B1090川田55◎ H35.3-33.7 ⑬⑫外 エイティーン 478 8ド3 栗坂 53.4 38.5 12.6
2黒	3	(69.8)69.7 △⋮△⋮⋮△△ 8.3 ←圏	57	北村友 4121	⊗ロードカナロア 牡5 ダイアトニック トゥハーモニー⓪ 鹿毛 サンデーサイレンス 福島 シルクレーシング 酒井牧場	安田隆 0.0.0.0 6-3-2-3 左0右2芝7ダ0 7550 •••••③•• 中3週 1000	1京①1・5京金杯GIII18ト2 天芝外A1342北村友57△ M36.1-34.3 ⑨⑨⑨ サウンドキア0.2 484 6ド2 栗坂 52.5 37.8 12.0	1阪②3・1阪急杯GIII18ト② 高芝内A1203北村友57◎3 M34.5-34.5 ②④④内 ベストアクタ 470 3ド1 栗坂 51.9 37.6 12.0
	4	(65.8)64.9 ⋮⋮⋮⋮⋮⋮⋮ 137.3 ←圏	57	国分優 41317	ストーミングホーム 牡10 ティーハーフ ビールジャント 栗毛 Green Desert ゴドルフィン ダーレーJF	西浦 1.0.0.2 7-3-8-31 左0右1芝3ダ6 5525 ⑬••••⑨•• 中2週 2124	2京②2・2シルクGIII18ト13 三芝内B1099国分優57 H35.3-34.6 ⑬⑫ アウィルアウ0.9 470 4ド14 栗坂 54.3 39.4 12.3	2神③3・7オーSGIII16ト9 三芝外A1087国分優56 H34.5-34.2 ⑥⑤④中 ダノンスマッ1.3 464 4ド12 栗坂 55.6 39.8 12.3
3赤	5	(62.6)62.5 ⋮⋮⋮⋮⋮⋮⋮ 122.7 ←圏	55	酒井学 0003	⊗ショウナンカンプ 牝5 ラブカンプー ラブハート④ 黒鹿 マイネルラヴ 増田陽一 奥山博	森田 0.1.0.0 2-8-1-14 左7右3芝0ダ0 5850 ⑯••••⑬•• 中2週 1316	2京②2・2シルクGIII18ト16 三芝内B1103斎藤52 H35.3-35.0 ⑪⑫内 アウィルアウ1.3 442 7ド15 栗坂 54.3 39.0 12.5	2神③3・7オーSGIII16ト13 三芝外A1090ミナリク54 H33.8-35.2 ⑤⑩⑪外 ダノンスマッ1.6 438 12ド14 栗坂 52.6 38.1 12.7
	6	(71.1)71.6 ○○○▲△▲○ 3.5 ←圏	57	川田 2010	⊗ロードカナロア 牡5 ダノンスマッシュ スピニングワイルドキャット 鹿毛 ハードスパン ダノックス ケイアイファーム	安田隆 0.0.0.0 7-2-1-6 左0右6芝3ダ0 10900 ••••••①•• 中2週 2001	香12・8シャティン 12ト8 香港スプリントGI 6ド3 三芝良1085デットー57 ビートザクロ0.4 474 ⑨⑩	2神③3・7オーSGIII16ト1 三芝外A1074川田56○ H33.4-34.0 ⑤④④内 0.2ナックビーナ 478 2ド1 栗坂 49.8 35.9 11.9
4青	7	B (64.7)64.6 ⋮⋮⋮⋮△△⋮ 51.9 ←圏	57	岩田康 1000	⊗ロードカナロア 牡4 グルーヴィット スペシャルグルーヴ⓪ 鹿毛 スペシャルウィーク キャロットF ノーザンファーム	松永幹 0.0.0.0 3-1-0-4 左0右0芝4ダ0 3600 •2カ月半休養• 中9週 0001	1中⑥1・18ニューGII16ト7 天芝外C1363ミナリク56▲ M36.2-36.6 ⑤⑥④⑧外 ジャンダルム0.5 496 9ド1 栗坂 52.6 38.1 12.0	リフレッシュ・放牧 乗込み仕上がり順調 初戦①着 推定馬体500 中9週以上2001
	8	関東(64.0)66.0 ▲▲◎○◎△◉ 4.7 ←圏	55	池添 初騎乗	⊗ディープインパクト 牝4 グランアレグリア タピッツフライ 鹿毛 Tapit サンデーR ノーザンファーム	藤沢和 0.0.0.0 4-0-1-1 左0右3芝1ダ0 10650 •3カ月休養•• 中13週 0000	5阪⑦12・21阪神CGII18ト1 高芝内B1194ルメール54○ M34.9-33.5 ⑧⑧⑧内 0.8フィアーノロ 474 5ド1 美坂 54.1 39.6 12.6	リフレッシュ・放牧 仕上がり良好 初戦①着 推定馬体484 中9週以上3010
5黄	9	関東(71.5)71.3 ◎◎▲▲▲○▲ 6.6 ←圏	57	福永 初騎乗	レイヴンズパス 牡5 タワーオブロンドン スノーパイン 鹿毛 Dalakhani ゴドルフィン ダーレーJF	藤沢和 0.0.0.0 7-3-3-2 左1右0芝8ダ1 17200 ••••••③•• 中2週 1101	4中⑨9・29スプSGI16ト1 三芝外C1071ルメール57○ H33.6-33.5 ⑨⑪⑧外 0.1モズスーパー 514 8ド2 南W 68.9 39.5 12.7	2神③3・7オーSGIII16ト3 三芝外A1081ルメール58◎ H33.7-34.4 ⑩⑨⑥ ダノンスマッ0.7 520 1ド2 南W 77.5 39.1 14.0
	10	(65.0)66.4 ⋮⋮⋮⋮⋮⋮⋮ 18.3 ←圏	55	武豊 2000	⊗トーセンラー 牝4 アイラブテーラー タケショウレジーナ⑤ 黒鹿 ダンスインザダーク 中西浩一 富菜牧場	河内 0.0.0.0 5-2-0-0 左0右0芝6ダ1 4600 •2カ月半休養• 中10週 1000	1京③1・11淀短SL15ト1 三芝内A1096武豊54◎ M35.2-34.4 ⑤⑤外 0.1ジョーカナチ 434 12ド1 CW 79.2 38.8 12.4	馬体調整・放牧 仕上がり上々 初戦①着 推定馬体430 中9週以上2000
6緑	11	(66.8)67.5 △△⋮⋮△▲⋮ 56.5 ←圏	57	和田竜 初騎乗	⊗スクリーンヒーロー 牡4 クリノガウディー クリノビリオネア③ 栗毛 ディアブロ 栗本博晴 三輪牧場	藤沢則 0.0.0.0 1-2-1-8 左0右1芝2ダ0 2600 •③•☆⑦••• 中3週 0102	1東④2・9東新聞GIII16ト3 天芝D1331横山典56△ M35.7-33.9 ⑤④④内 プリモシーン0.1 496 13ド5 栗坂 52.5 37.7 11.7	1阪②3・1阪急杯GIII18ト7 高芝内A1207森裕56○ M34.3-35.1 ④②②中 ベストアクタ0.4 496 5ド3 栗坂 51.8 36.9 11.7
	12	関東(66.7)67.2 ⋮△△⋮○△△ 25.7 ←圏	57	幸 1117	⊗アドマイヤムーン 牡7 セイウンコウセイ オブザーヴァント 栗毛 Capote 西山茂行 桜井牧場	上原 1.0.1.10 7-7-1-17 左7右6芝1ダ0 9600 ⑤•••••••• 中7週 1102	4京⑧10・26スワンGII18ト8 高芝外A1220幸57 M35.0-35.4 ②②②内 ダイアトニッ0.7 492 18ド11 南W 77.6 38.7 13.1	2京②2・2シルクGIII18ト5 三芝内B1092幸56 H34.1-35.1 ②②内 アウィルアウ0.2 504 14ド10 南W 69.4 39.4 12.3
7橙	13	(66.8)67.2 ⋮⋮⋮⋮⋮⋮⋮ 158.7 ←圏	55	秋山真 5206	⊗キングヘイロー 牝7 ダイメイプリンセス ダイメイダーク① 黒鹿 ダンスインザダーク 小倉 宮本孝一 横井哲	森田 1.0.0.2 7-2-1-23 左0右3芝6ダ0 8100 ⑩••••⑦•• 中2週 1103	2京②2・2シルクGIII18ト10 三芝内B1095松山56 H35.0-34.5 ⑩⑪外 アウィルアウ0.5 502 18ド12 栗坂 52.9 38.3 12.4	2神③3・7オーSGIII16ト7 三芝外A1084秋山真54△ H34.0-34.4 ⑩⑫⑪内 ダノンスマッ1.0 490 8ド5 栗坂 51.6 37.8 12.4
	14	(69.2)71.9 △⋮⋮⋮⋮◎⋮ 9.3 ←圏	57	Mデムーロ 初騎乗	フランケル 牡6 外モズアスコット インディア 栗毛 ヘネシー キャピタル サマーウインドF	矢作 0.0.0.0 7-5-0-9 左0右1芝11ダ0 17000 ①••①•••• 中4週 0100	1東②2・2根岸SGIII16ト1 高ダ1227ルメール58△ M36.3-34.7 ⑩⑨⑧外 0.2コパノキッキ 494 11ド3 栗坂 52.2 38.0 12.3	1東⑧2・23フェブGI16ト1 天ダ1352ルメール57▲ H35.5-35.4 ⑧⑧⑧ 0.4ケイティブレ 494 12ド1 栗坂 51.4 37.6 12.4
	15	関東(68.9)69.8 ⋮△⋮⋮⋮⋮⋮ 52.3 ←圏	55	田辺 1000	⊗ダイワメジャー 牝7 ナックビーナス レディトゥプリーズ 青鹿 More Than Ready 小松欣也 社台ファーム	杉浦 0.1.0.0 8-12-5-12 左9右8芝3ダ0 3600 ••••••②•• 中2週 0114	5阪⑤12・14タンS16ト2 三芝内A1087武豊56◎ M34.1-34.6 ①① ジョイフル0.1 530 9ド1 南W 52.4 38.4 13.2	2神③3・7オーSGIII16ト2 三芝外A1076横山典54▲ H33.2-34.4 ②②②内 ダノンスマッ0.2 534 10ド3 南W 67.0 37.3 12.0
8桃	16	(68.8)69.1 △⋮▲△⋮⋮⋮ 20.6 ←圏	55	松若 1105	スペイツタウン 牝5 外モズスーパーフレア クリスティーズトレジャー 栗毛 Belong to Me キャピタル アルファデルタS	音無 0.0.0.0 6-2-1-10 左7右1芝0ダ0 7850 ④•••••••• 中7週 1101	5京⑧11・24京阪杯GIII18ト8 三芝内C1096松山56◎ M34.2-35.4 ①① ライトオンキ0.8 500 14ド1 栗坂 51.6 37.5 12.3	2京②2・2シルクGIII18ト4 三芝内B1092松若56△ H33.9-35.3 ①① アウィルアウ0.2 494 3ド2 栗坂 50.3 36.4 12.4
	17	B (67.1)67.8 ⋮⋮△⋮⋮⋮⋮ 30.1 ←圏	57	藤岡佑 1000	ファーストサムライ 牡5 外シヴァージ インディアンベイ 栗毛 Indian Charlie カナヤマHD ヒンクルF	野中 1.0.0.0 5-5-3-3 左0右6芝3ダ1 3600 ☆•①••••• 中5週 0000	1京③1・11淀短SL15ト4 三芝内A1098川田56B△ M35.6-34.2 ⑪⑪内 アイラブテー0.2 496 6ド2 栗坂 54.6 39.2 12.2	1小⑩2・16短距離17ト1 三芝B1100藤岡佑56B○ H35.1-34.9 ⑰⑯⑬外 0.1メイショウキ 500 8ド1 栗坂 53.5 38.6 12.2
	18	関東(68.5)69.7 ⋮△⋮⋮⋮⋮△ 28.0 ←圏	55	横山典 初騎乗	ハービンジャー 牝5 ノームコア クロノロジスト① 芦毛 クロフネ 池谷誠一 ノーザンファーム	萩原 0.0.0.0 5-1-2-3 左0右2芝4ダ0 10650 •4カ月休養•• 中16週 2000	香12・8シャティン 10ト4 香港マイルGI 9ド4 天芝良1335ルメール55 アドマイヤマ0.3 467 ⑥⑥⑥	リフレッシュ・放牧 仕上がり良好 初戦①着 推定馬体472 中9週以上2110

2020.3.29　中京11R　高松宮記念　芝1200m

着順	馬名	性齢	騎手	人気
1	⑯モズスーパーフレア	牝5	松若	9
2	⑧グランアレグリア	牝4	池添	2
3	③ダイアトニック	牡5	北村友	4

3連複③⑧⑯22,830円

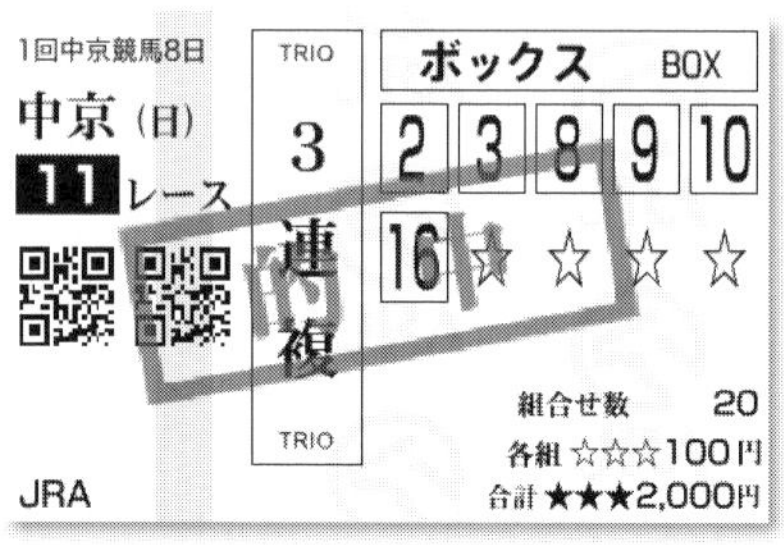

ヨンを組めばいいものなのだが、まだ当時は人気馬の定義をどこまでにするか、人気薄を拾うのはどこまでにするかなど試行錯誤の段階であった。後は単純に購入金額を抑えたかったというのもある（笑）。いずれにしても、買い方は他にもあっただろう。

結果はすでに1章でも記しているように、降着もあったが1着には9番人気のモズスーパーフレア。2着には2番人気のグランアレグリアが入線し、3着には4番人気ダイアトニックとなった。フェブラリーステークスに続き、このレースも結果的に「人気馬2頭＋人気薄1頭」で決着したのである。これでこのシステムに確かな手応えを感じた。

そしてこの後の2020年春のGⅠ戦線で確信へと変わった。そうして本書を執筆するに至ったのだ。改めて契機となった一戦であるた

人気馬2頭+人気薄1頭の3連複詳細（牝馬限定）

条件	発生確率	平均買い目数	平均獲得配当	配当レンジ（最多シェア）
全体	49.7%	60.8点	8,751円	10,000～99,999円
牝馬限定戦	49.2%	62.7点	9,021円	10,000～99,999円

め、最初に振り返らせていただいた。

評価しきれない人気馬2頭＋人気薄も「人気馬2頭＋人気薄1頭」システムなら的中可能！

【2020年3月20日　中山11R　フラワーカップ】

マイル路線が多い2～3歳戦の牝馬レースにおいて、春時点で1800mという距離で行われることからオークスを目指す馬が出走するフラワーカップ。2020年は14頭が参戦した。

牝馬限定戦というのは荒れやすい傾向にある。「人気馬2頭＋人気薄1頭」の発生確率は全体が49・7%に対して牝馬限定戦は49・2%と若干ではあるが低い。その要因として、牝馬限定戦を狙ってくる馬が多いという事で比較的

2020年3月20日　中山11R　フラワーカップ

枠	馬番	印・オッズ	斤量・騎手	馬名・血統	厩舎・成績	前走	前々走
1 白	1	(54.2)54.7 ::::::: 33.2 ←	54 横山和 1000	父トーセンファントム 牝3 **エンジョイ** トーセンミネルバ① 栗毛 キングカメハメハ 福島 島川隆哉 エスティファーム	田村(美)0.0.0.0 1-1-1-4 0 0 2 0 400 ・・・・・①・・ 中2週 0 1 0 1	1中④1・12牝未勝15ト3 天ダ1577 木幡育52△ M38.5-41.0④⑤③②中 ニーズヘッグ1.1 456 13ト4人 美坂 54.4 39.8 12.8	2中②3・1牝未勝12ト1 天ダ1565 横山和54◎ M38.0-39.4④③⑤③内 0.4ティケイプル 452 1ト1人 南W 64.9 37.4 12.6
2 黒	2	関西(—)56.0 ::::::: 32.7 ←	54 坂井瑠 1000	ロペデヴェガ 牝3 (外)**トリンカデイラ** バランカ 栗毛 Inchinor ゴドルフィンダイオメドB社	鮫島(栗)0.0.0.0 1-0-0-0 0 1 0 0 400 ・・・・☆・①・・ 中2週 0 0 0 0	1阪②3・1新馬16ト1 芝外A2051 坂井瑠54△ S37.7-35.3④③④④内 ヘイカット 428 11ト5人 CW 52.2 38.3 12.3	好位のイン。折り合って運び、直線で前が開くと鋭く伸びて差し切った。
3 赤	3	関西(54.1)55.4 ::△:△△△ 23.1 ←	54 石橋脩 初騎乗	父ディープスカイ 牝3 **チェスナットドレス** アドマイヤドレス④ 栗毛 スピニングワールド 東海林貴大 辻牧場	西村(栗)0.0.0.1 1-0-1-3 0 1 0 0 400 ・・・・④・・・ 中3週 0 0 0 0	5京⑦11・23未勝利13ト1 芝外C1486 マーフィ54C▲ S36.8-35.2 ③②②内 0.4アルコニア 452 8ト2人 栗坂 55.3 39.6 12.2	2京⑦2・22つばき1勝8ト4 芝外B1522 和田竜54C△ S37.2-36.5 ③③③外 マンオブスピ0.3 462 4ト6人 栗坂 57.2 41.3 12.7
3 赤	4	(54.9)54.3 ::::::: 28.1 ←	54 岩田康 0001	父オルフェーヴル 牝3 **アミークス** ヘアキティー 鹿毛 Wildcat Heir スリーエイチRノーザンF	栗田徹(美)0.0.0.0 1-0-1-1 0 0 1 0 400 ・・・①・・・・ 中4週 0 0 0 0	4東③10・15牝未勝12ト1 芝A1354 三浦54◎ M36.0-34.2 ⑤⑦⑧外 0.3ブラットフォ 442 11ト1人 美坂 52.0 38.1 12.5	1東⑤2・15クイC(GⅢ)14ト11 芝D1354 岩田康54 H35.6-35.5 ⑥④④内 ミヤマザクラ1.4 450 4ト7人 南P 54.5 38.6 11.6
4 青	5	(54.7)56.0 ::::::: 18.3 ←	54 石川裕 0100	父トゥザワールド 牝3 **ナリノクリスティー** ギャラリートーク⓪ 青鹿 ブライアンズタイム 成塚清志 ノーザンファーム	上原(北)0.0.0.0 1-1-0-1 0 2 0 0 400 ①・・・・②・・ 中2週 0 0 0 0	1中⑧1・25牝未勝14ト1 天ダ1569 Mデムー54◎ M39.1-38.9③③③②中 0.7タッシーブレ 442 10ト2人 南W 69.2 39.5 12.3	2中①2・29デイ牝1勝9ト2 芝内A1490 石川裕54△ S38.1-35.4②②②②内 ウインマイテ0.1 440 8ト5人 南W 68.0 39.0 12.0
4 青	6	関西(50.2)53.3 △:::::: 18.6 ←	54 三浦 初騎乗	父ディープインパクト 牝3 **キングスタイル** トレノエンジェル② 黒鹿 タイキシャトル 廣崎利洋HD 藤原牧場	矢作(栗)1.0.0.0 1-0-0-1 0 0 1 0 400 ⑨・・①・・・・ 中4週 0 0 0 0	1中⑧1・25新馬16ト9 芝内C2090 武豊54△ S42.2-35.1⑪⑪⑫⑪内 イマジナリー0.7 406 13ト2人 栗坂 53.4 38.8 12.7	1小⑩2・16未勝利13ト1 芝B2062 横山武54 H38.3-38.1⑫⑨⑤③内 0.4スターライト 402 8ト5人 栗 58.2 41.6 13.1
5 黄	7	(53.4)56.4 △▲▲:△△▲ 13.6 ←	54 田辺 初騎乗	父キズナ 牝3 **ショウナンハレルヤ** ショウナンガーデン② 鹿毛 クロフネ 国本哲秀 森永聡	矢野英(美)0.0.0.0 2-0-0-2 0 2 0 0 900 ・①・・・・・・ 中6週 0 0 0 0	1中⑥1・18菜花牝1勝16ト13 芝外C1384 内田博54△ M36.3-37.5④④⑤⑧外 アールクイン1.6 458 10ト5人 南W 70.4 39.2 12.2	1東②2・2セン1勝13ト1 芝D1472 丸山54C△ S36.1-34.1②②②②内 0.2アオイクレア 456 13ト10人 南W 55.2 39.9 12.2
5 黄	8	(55.2)55.9 :::△::: 17.9 ←	54 Mデムーロ 1011	父エピファネイア 牝3 **フラワリングナイト** マルシアーノ③ 青鹿 フジキセキ レッドマジックノーザンF	金成(北)0.0.0.0 1-0-1-1 0 0 1 0 400 ・・・・・③・・ 中2週 0 0 0 0	1中②1・6未勝利16ト1 芝内C2022 Mデムー54▲ S39.4-35.4⑩⑪⑦②外 0.3スペースシッ 434 7ト3人 南P 67.9 38.0 12.3	2中①2・29デイ牝1勝9ト3 芝内A1490 Mデムー54▲ S38.3-35.2⑧⑤③③中 ウインマイテ0.1 430 6ト1人 南P 56.1 40.0 11.8
6 緑	9	(55.7)58.7 △△○◎△▲○ 5.7 ←	54 丸山 初騎乗	父キングカメハメハ 牝3 **ミアマンテ** ミスエーニョ 鹿毛 Pulpit 吉田勝己 ノーザンファーム	木村(北)2.0.0.0 2-0-0-0 0 0 2 0 900 ・4カ月休養・・ 中11・6週 0 0 0 0	5東⑧11・24ベゴ1勝7ト1 芝C1362 ルメール54○ M36.7-35.1 ⑦⑦⑥内 0.2ジュンライト 422 6ト1人 南W 69.8 40.3 12.5	馬体調整・放牧 仕上がりまずまず 初戦①着 推定馬体424 中9週以上 1 0 0 0
6 緑	10	(55.7)57.4 △◎△△△△△ 6.8 ←	54 池添 1010	父ハーツクライ 牝3 **ポレンティア** ポーレン 青鹿 Orpen 福島 シルクレーシング 白老F	田中博(美)0.0.0.0 1-0-1-0 0 1 0 0 400 ・2カ月放牧・・ 中9週 0 0 0 0	2札①8・17牝新馬9ト1 芝C1309 池添54◎ S37.5-34.6②②②②内 0.5エピファレー 488 2ト2人 南W 70.2 40.1 13.0	1中⑤1・13フェア(GⅢ)16ト3 芝外C1346 池添54 M35.4-35.0⑩⑦⑤⑤中 スマイルカナ0.6 492 5ト5人 美坂 54.4 39.5 12.0
7 橙	11	関西(56.7)58.5 ○▲▲▲◎△△ 4.0 ←	54 吉田隼 1000	父キズナ 牝3 **クリスティ** ホワイトアルバム② 芦毛 クロフネ 新浦英稔 荻伏三好ファーム	杉山晴(栗)0.2.0.0 2-2-0-1 0 2 2 0 900 ・3カ月休養・・ 中11週 0 0 0 0	5阪⑨12・28 1勝外11ト1 芝外B1478 吉田隼54○ S37.3-34.3 ②②②内 0.2アリストテレ 480 8ト1人 栗坂 52.7 38.0 11.8	リフレッシュ・放牧 仕上がり良好 初戦②着 推定馬体480 中9週以上 0 0 0 0
7 橙	12	(55.6)58.6 ◎○△△○△△ 5.3 ←	54 横山典 初騎乗	父エピファネイア 牝3 **シーズンズギフト** シーズンズベスト③ 青鹿 ゼンノロブロイ キャロットF ノーザンファーム	黒岩(美)0.0.0.0 2-0-0-0 0 0 2 0 900 ①・・・・・・・ 中7週 0 0 0 0	3福③11・9新馬15ト1 芝A2036 丸山54◎ S37.6-34.7⑦⑧⑤②外 0.2キングオブド 476 9ト1人 南W 66.2 38.2 12.6	1中⑨1・26若竹1勝11ト1 芝内C1504 ルメール54△ S38.1-34.7⑤⑥⑥③外 0.2マイネルデス 478 8ト1人 美坂 53.2 38.8 12.5
8 桃	13	関西(—)56.0 :::::◎: 22.4 ←	54 藤井 1000	父キズナ 牝3 **アプレイズ** エディン⑤ 青鹿 ジャングルポケット 前田幸貴 ノースヒルズ	松江寿(栗)0.0.0.0 1-0-0-0 0 0 1 0 400 ☆①・・・・・・ 中6週 0 0 0 0	2京②2・2新馬14ト1 芝外B2058 藤井54○ S37.9-35.6⑤⑤⑥③中 0.1コンフィデー 476 5ト6人 栗坂 54.0 39.8 13.4	好位でなだめながら。早めに動いてラスト100㍍の手前で先頭。危なげなし。
8 桃	14	(54.5)56.0 ▲△◎○△○◉ 4.8 ←	54 ヒューイ 初騎乗	父キングカメハメハ 牝3 **レッドルレーヴ** ラストグルーヴ① 鹿毛 ディープインパクト 東京HRノーザンファーム	藤沢和(北)0.1.0.0 1-1-0-0 0 0 2 0 400 ・2カ月放牧・・ 中9週 0 0 0 0	4東⑥10・19新馬13ト2 芝A2018 ルメール54◎ S38.5-34.2④④④⑥内 フィリオアレ0.1 436 1ト2人 南W 69.2 39.7 12.9	1中⑤1・13未勝利15ト1 芝内C2017 ルメール54◎ H36.4-37.0⑦⑦⑥③内 0.1コトブキテデ 442 2ト1人 南W 69.9 40.1 12.8

2020.3.20　中山11R　フラワーC　芝1800m

着順	馬名	性齢	騎手	人気
1	⑬アブレイズ	牝3	藤井	12
2	⑭レッドルレーヴ	牝3	ヒューイットソン	4
3	⑫シーズンズギフト	牝3	横山典	1

3連複⑫⑬⑭32,610円

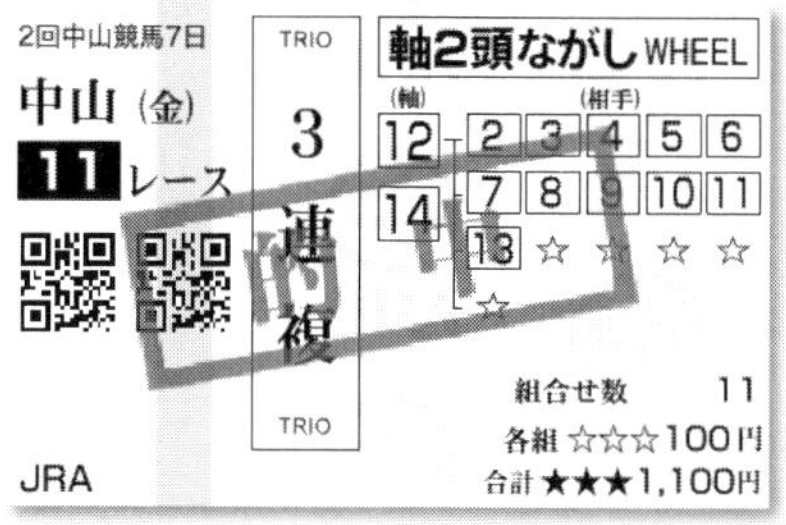

頭数が揃うという事だろう。それは平均買い目数が全体の60・8点から62・7点へと増えていることからも理解ができる。そして、頭数が増えるという事はそれだけ紛れも発生しやすいという事。平均獲得配当は全体が８７５１円に対して９０２１円へと上昇している。

１番人気には新馬戦を勝利し、続く牡馬相手の若竹賞をも制したシーズンズギフト。単勝オッズは３・５倍の支持を受けた。２番人気には阪神ＪＦ８着の後に挑んだ前走の１勝クラスを勝利したクリスティ。これまでＧＩ以外で負けた２回は勝ち馬が小倉２歳Ｓの勝ち馬マイネルグリットとホープフルＳで３着となったワーケアのみの実力馬だ。そして３番人気にはミアマンテ。新馬、ベゴニア賞を１番人気の支持に応えて連勝中で、きょうだいにミスエルテがいる良血馬という事で注目が集まった。最後に４番人気がレッドルレーヴ。新馬戦で2着し、続く未勝利戦では単勝オッズ1・3倍の支持を集めて見事に勝利を収めていた。ここまでが人気馬ゾーンとなる。

このレース、仮に「人気馬2頭＋人気薄1頭」に当てはめる場合、3連複ならフォーメーションを組めば64点で購入することが可能となる。3連複の平均獲得配当は8751円。この点数であれば的中さえすれば購入額を上回れる可能性は高いと言えるだろう。ただ、ここでこのまま購入しても良いが、さらに自分の予想を加えることでより購入金額を抑えることも可能なのだ。

ここでは人気馬4頭の中から、1番人気のシーズンズギフトと4番人気のレッドルレーヴを軸に据えて組み立ててみた。前者は2000mの新馬戦で、その後に京成杯を5着に善戦するキングオブドラゴンを相手に0・2秒差の勝利。後者も2000mの新馬戦で後の共同通信杯3着馬のフィリオアレグロ相手に0・1秒差の2着に好走していた。ともに中距離で重賞でも通用している牡馬と差のない競馬をしていることから、牝馬限定戦の中距離戦で優位に立てると判断したからである。

結果は思った通り、その人気馬2頭は中距離での実績をいかんなく発揮し、好位からの強気の競馬で自身のパフォーマンスを見せて2、3着に好走している。一方で2番人気クリスティはやや溜めるような競馬で自身の持ち味を発揮しきれず5着に敗戦。マイル実績しかない3番人気ミアマンテは溜める競馬に徹して伸びきれずに6着に終わった。人気馬の中でもしっかりと実績を吟味したことが好結果につながったレースだと言えるだろう。

そして勝利したのは12番人気のアブレイズであった。栗東の名門池江泰寿厩舎で馬主もノースヒルズ。ただし新馬戦を6番人気で勝利とデビュー時から注目を集めていたわけではなく、2戦目で挑む重賞という事でも評価できていた方は多くはないだろう。12番人気が示す通りであったと思う。このような人気薄の馬を狙ってピックアップするのはやはり難しい。しかしここが「人気馬2頭＋人気薄1頭」システムの良いところで、人気薄に関しては予想をする必要はなくそのゾーンの馬に流してしまえばいい。特にこのレースでは軸となる人気馬の2頭をしっかりと絞れていたので、より少ない点数で人気薄を拾うことができた。

人気薄に関しては予想する必要はなく、手広く網を広げ、その網にかかるのを後は待つだけでいい。もし予想をするのであれば、人気馬の4頭の中でどの馬を購入するか?に集中するべきである。それならば仮に予想をするのであっても簡単ではないだろうか。

抜けた1番人気なら人気馬2頭のうちの1頭に固定！

【2020年1月11日　京都11R　淀短距離ステークス】

年明けの京都競馬場の芝1200mを舞台にして行われる淀短距離ステークス。例年メンバーも揃い、注目のレースとしておなじみだ。

2020年の当レースの1番人気はアイラブテーラー。前走では同舞台の京阪杯でも2着に好走した実力馬である。単勝オッズは2・0倍と大きく支持を集めていた。2番人気にはシヴァージ。こちらはダート路線でずっと使われてきたが、前走の阪神カップで初めて芝に参戦。GⅡでいきなり7着に善戦したためオープンクラスの今回、人気を集めることとなった。3番人気には前走の京阪杯で1番人気馬に次ぐ3着に好走したカラクレナイ。オープンクラスで堅実に結果を残しておりここも上位人気の一角に。そして人気馬ゾーン最後の4番人気はハッピーアワー。前走のスプリンターズステークスでは3歳馬ながら0・5秒差の7着に善戦していることが評価された。

さて、ここも単純に「人気馬2頭＋人気薄1頭」システムに当てはめて購入してもいいが、先ほどのフラワーカップと同様に、4頭から2頭に絞るために予想していきたい。

まずは1番人気のアイラブテーラーだが、単勝オッズは2・0倍と厚い支持を得ている。1番人気全体の複勝率は2016年から2020年9月6日までで64・2%だが、2・0倍だと複勝率は73・5%まで上昇する。人気は最も競走馬の能力を示すツールであると1章で紹介した。つまり支持が集中するという事はそれだけ能力が抜けているという事に置き換えることができる。そしてこの抜けた1番人気と同条件で前走差のない競馬をしたのが、3番人気のカラクレナイである。重賞で善戦した2番人気シヴァージや4番人気ハッピーアワーよりも同条件での実績を尊重してこちらを人気馬のもう一頭という位置づけとした。

2020年1月11日　京都11R　淀短距離ステークス

枠・馬番	印・オッズ	騎手・斤量	馬名・血統	厩舎・成績	前走	前々走
1 白 1	(61.2)61.8 ::::::: 31.2 ←	松山 57 1002	㊦ショウナンカンプ 牝5 ラブカンプー ラブハート④ 黒鹿 マイネルラヴ 増田陽一 奥山博	森田 0.1.0.0 2-8-1-11 7 3 0 0 5850 ・⑨・・・・・・ 中6週 0000	3新⑥10・27ルミエ(L)18ト16 千芝直A 574 酒井学57 H22.5-34.9 ⑤ レジーナフォ1.0 438 2ト12人 栗坂 53.6 38.9 12.7	5京⑧11・24京阪杯GⅢ18ト9 三芝内C1098 西村淳55 M34.6-35.2 ③③内 ライトオンキ1.0 446 1ト12人 栗坂 54.1 39.2 13.5
2 黒 2	(59.3)59.3 ::::::: 46.0 ←	古川吉 53 3005	ワークフォース 牝4 メイショウケイメイ メイショウアキシノ② 鹿毛 デュランダル 松本好雄 富田牧場	南井 0.0.0.1 3-0-0-6 1 1 1 0 2100 ・・・・・⑬・・ 中2週 0000	3函❷6・30CBC GⅢ13ト11 三芝A1113 秋山㊿△ M35.3-36.0 ④⑤中 レッドアンシ1.5 422 11ト10人 栗坂 53.8 38.2 12.6	5阪⑦12・21阪神C GⅡ18ト18 西芝内B1224 古川吉54 M34.3-36.9 ④③③外 グランアレグ3.0 424 14ト18人 栗坂 54.0 38.5 11.9
2 黒 3	(62.7)63.8 △:△△:△△ 12.6 ←	池添 54 初騎乗	㊦ロードカナロア 牝4 イベリス セレブラール③ 鹿毛 ボストンハーバー 前田幸治 土居牧場	角田 0.0.0.1 3-0-2-5 2 1 0 0 2800 ・・・・・・⑰・・ 中2週 1003	4中⑨9・29スプS GⅠ16ト11 三芝外C1080 浜中53 H33.2-34.8 ②④⑤中 タワーオブロ0.9 464 15ト10人 栗坂 53.5 39.5 12.3	5阪⑦12・21阪神C GⅡ18ト17 西芝内B1219 福永54△ M35.1-35.8 ⑩⑪⑪外 グランアレグ2.5 470 16ト9人 栗坂 52.4 38.2 12.3
3 赤 4	(64.4)64.9 ▲△△△△▲◎▲ 7.9 ←	太宰 56 0010	㊦ダイワメジャー 牡6 ボンセルヴィーソ パイモユリ① 栗毛 サクラローレル 中京 名古屋友豊 白井牧場	池添学 0.0.0.1 3-3-6-13 2 3 1 0 2450 ・①・・・・・③ 連闘 0000	5京⑧11・24渡月3勝10ト1 西芝外C1211 松山57▲ M35.2-34.7 ②②②中 0.2キアロスクー 472 9ト3人 CW 84.5 38.3 11.9	1京①1・5京金杯GⅢ18ト3 天芝外A1344 太宰54 M35.1-35.3 ②②②内 サウンドキア0.4 478 7ト14人 栗坂 53.3 38.7 12.3
3 赤 5	(61.4)63.1 △::▲○△△ 7.9 ←	吉田隼 56 1002	ハービンジャー 牡4 ハッピーアワー サクセスシルエット② 鹿毛 ディープインパクト 高嶋祐子 吉田ファーム	武幸 0.0.0.0 3-2-1-4 0 1 3 1 3100 ・3カ月半休養・ 中14ト6月 0001	4中⑨9・29スプS GⅠ16ト7 三芝外C1076 横山典55 H34.5-33.1 ⑯⑯⑯外 タワーオブロ0.5 434 14ト13人 栗坂 54.6 39.6 12.3	リフレッシュ・放牧 仕上がり良好 初戦②着 推定馬体440 中9週以上 1011
4 青 6	B (67.0)66.5 △△▲:::△ 13.2 ←	川田 56 4311	ファーストサムライ 牡5 ㊥シヴァージ インディアンベイ 栗毛 Indian Charlie ㈱カナヤマHD ヒンクルF	野中 0.0.0.0 4-5-3-2 0 6 3 0 2400 ・・・・・・⑦・・ 中2週 2100	4東❽10・26神無3勝13ト1 西ダ1221 川田57B◎ H35.0-35.4 ③③③中 0.4ブルベアイリ 500 12ト1人 栗坂 53.1 38.9 12.3	5阪⑦12・21阪神C GⅡ18ト7 西芝内B1207 川田57B M34.5-35.1 ⑦⑤⑤外 グランアレグ1.3 504 11ト8人 栗坂 51.0 36.9 12.0
4 青 7	(62.9)63.0 ::::::: ☆ ←	中谷 54 初騎乗	ルアーヴル 牝5 ㊥シャドウノエル マジックポーション 黒鹿 ディヴァインライト 新潟 飯塚知一 Pバルブ	角居 0.0.0.0 4-0-1-7 0 2 2 0 2400 ・・⑧・⑩・・・ 中3週 0000	5中②12・1ラピス(L)9ト8 三芝外A1092 津村54 S35.7-33.5 ④⑥⑥内 ナックビーナ0.7 460 4ト6人 栗坂 52.8 38.2 12.9	5阪⑤12・14タンS 16ト10 三芝内A1094 松若52 M34.2-35.2 ②②中 ジョイフル0.8 468 10ト10人 栗坂 51.8 37.8 12.7
5 黄 8	(64.4)65.0 ::::△:: 37.0 ←	勝浦 56 1004	㊦サクラバクシンオー 牡8 ダイシンバルカン ダイシンモード① 鹿毛 マイネルラヴ 大八木信行 新冠タガノファーム	吉田 0.0.0.1 4-3-3-34 2 4 1 0 2200 ・⑥・・・・・☆・ 中6週 0001	3福②11・3みち3勝16ト1 三芝A1085 勝浦57 M34.5-34.0 ⑨⑨⑦内 0.2グッドジュエ 504 3ト8人 栗坂 56.5 39.9 12.6	5京⑧11・24京阪杯GⅢ18ト6 三芝内C1094 勝浦56 M35.3-34.1 ⑩⑩中 ライトオンキ0.6 512 18ト17人 栗坂 55.5 39.5 12.6
5 黄 9	(65.8)66.1 ::::△: 33.3 ←	藤岡佑 59 1000	㊦ダノンシャンティ 牡7 スマートオーディン レディアップステージ 黒鹿 Alzao 大川徹 スカイビーチステーブル	池江寿 0.0.0.1 5-1-0-10 0 0 1 5 5350 ・・・・・・⑧・・ 中2週 1002	4京⑧10・26スワンGⅡ18ト9 西芝外A1220 武豊56 M37.1-33.7 ⑱⑰⑬外 ダイアトニッ0.7 512 15ト6人 栗坂 53.4 38.3 12.3	5阪⑦12・21阪神C GⅡ18ト8 西芝内B1208 武豊57▲ M35.9-34.2 ⑱⑰⑮外 グランアレグ1.4 508 17ト4人 栗坂 53.7 39.0 12.0
6 緑 10	(67.9)67.8 △△△△△:△ 6.2 ←	大野 55 1021	㊦ローエングリン 牝6 カラクレナイ バーニングレッド① 栗毛 アグネスタキオン 吉田照哉 社台ファーム	松下 1.0.0.1 4-1-3-16 0 0 2 3 2950 ・③・・・・・・・ 中6週 1000	4京⑤10・14オパS(L)18ト3 三芝内A1094 大野55△ H34.3-35.1 ⑤⑤外 アウィルアウ0.2 500 16ト5人 CW❹53.1 39.0 12.2	5京⑧11・24京阪杯GⅢ18ト3 三芝内C1092 大野54△ M34.9-34.3 ⑦⑥外 ライトオンキ0.4 500 7ト7人 CW❹53.1 39.4 12.0
6 緑 11	(66.6)64.9 :○△::△: 13.4 ←	ルメール 59 1001	㊦ハーツクライ 牡7 ロジクライ ドリームモーメント① 黒鹿 Machiavellian 久米田正明 ノーザンファーム	須貝尚 1.0.0.0 5-2-4-11 1 5 1 0 6100 ・・・・・⑩・⑦ 連闘 0000	5阪⑦12・21阪神C GⅡ18ト10 西芝内B1208 横山典57△ M35.3-34.5 ⑬⑬⑬中 グランアレグ1.4 524 12ト7人 栗坂 52.7 38.1 12.0	1中②1・5カーS 11ト7 三芝外C1089 ミナリク59 M34.2-34.7 ⑥⑤⑤内 ライラックカ0.5 518 2ト6人 栗坂 53.8 38.6 12.2
7 橙 12	(64.2)65.0 ◎◎◎◎◎◎◉ 2.9 ←	武豊 54 1000	㊦トーセンラー 牝4 アイラブテーラー タケショウレジーナ⑤ 黒鹿 ダンスインザダーク 中西浩一 富菜牧場	河内 0.0.0.0 4-2-0-0 0 0 5 1 3200 ・②・・・・・・・ 中6週 0000	4京⑦10・20桂川3勝18ト1 三芝内A1091 武豊52◎ M35.2-33.9 ⑩⑩外 アエイティーン 438 12ト1人 栗坂 51.9 38.0 13.4	5京⑧11・24京阪杯GⅢ18ト2 三芝内C1091 和田竜53▲ M35.5-33.6 ⑪⑬内 ライトオンキ0.3 434 12ト3人 栗坂 52.3 37.1 12.3
7 橙 13	(62.8)62.1 ::::::: 32.5 ←	菱田 54 0001	㊦ロードカナロア 牝5 ジョーカナチャン ラッキーダイス① 鹿毛 ネオユニヴァース 上田江吏子 三村卓也	松下 1.0.0.0 4-0-0-4 2 1 1 0 2400 ・2カ月半休養・ 中10週 0000	3新⑥10・27ルミエ(L)18ト10 千芝直A 568 菱田54○ H22.4-34.4 ⑪ レジーナフォ0.4 462 4ト4人 栗坂 60.2 43.3 13.5	リフレッシュ・放牧 仕上がり良好 初戦⑥着 推定馬体462 中9週以上 2001
8 桃 14	(64.6)65.9 ○▲○◎△△○ 4.7 ←	横山典 54 初騎乗	㊦ロードカナロア 牝5 エイシンデネブ スワン③ 鹿毛 High Chaparral ㈱栄進堂 北星村田牧場	坂口智 0.0.0.1 4-1-0-6 0 2 1 2 2400 ・⑦・・・・・・・ 中6週 0000	4京⑤10・14オパS(L)18ト2 三芝内A1092 松若52○ H35.2-34.0 ⑰⑱外 アウィルアウ0.2 432 7ト2人 栗坂 55.1 38.9 12.4	5京⑧11・24京阪杯GⅢ18ト7 三芝内C1095 藤岡康54○ M35.8-33.7 ⑮⑮外 ライトオンキ0.7 428 15ト5人 栗坂 54.0 38.3 12.4
8 桃 15	(67.8)68.8 ::::::: 34.3 ←	国分優 59 4131	ストーミングホーム 牡10 ティーハーフ ビールジャント 栗毛 Green Desert ゴドルフィン ダーレーJF	西浦 1.0.0.2 7-3-8-28 0 1 3 6 5525 ・9カ月半休養・ 9カ月以上 0001	2中⑥3・24高松宮GⅠ18ト5 三芝B1076 国分優57 M33.9-33.7 ⑪⑧内 ミスターメロ0.3 468 5ト11人 栗坂 52.3 37.6 12.0	挫跖・放牧 仕上がり良好 初戦①着 推定馬体470 中9週以上 1138

2020.1.11　京都11R　淀短距離S　芝1200m

着順	馬名	性齢	騎手	人気
1	⑫アイラブテーラー	牝4	武豊	1
2	⑬ジョーカナチャン	牝5	菱田	13
3	⑩カラクレナイ	牝6	大野	3

3連複⑩⑫⑬15,080円

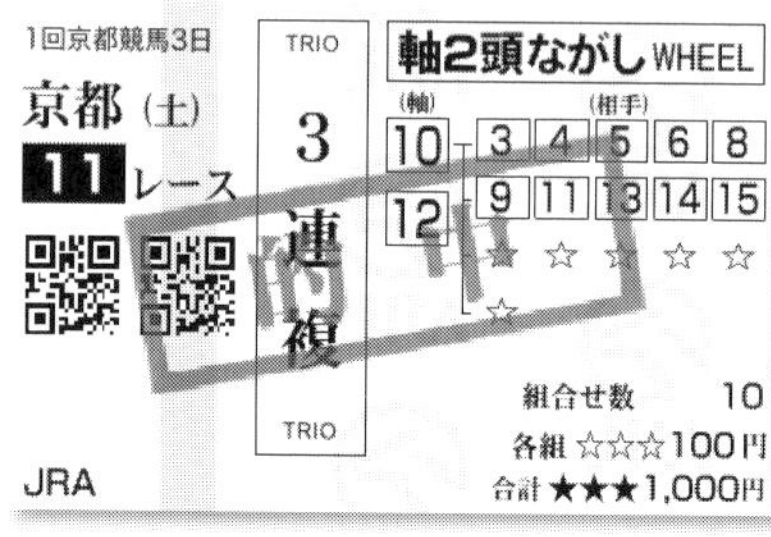

レースでは抜けた1番人気に支持されていたアイラブテーラーがスムーズな競馬で順当勝ち。人気が能力を示すという言葉通り、ここでは能力が抜けていたという事だろう。そして、3着にも3番人気のカラクレナイが入線。2番人気シヴァージは4着、4番人気ハッピーアワーは6着に終わった。

そして、2着に入線したのが13番人気のジョーカナチャン。実はこのレースを機にオープンの韋駄天ステークス2着や重賞のアイビスサマーダッシュ1着など飛躍を遂げるのだが、この時点では2走前に3勝クラスを突破し、前走は初のオープンクラスへの挑戦で10着に敗れていた。この時点での13番人気評価というのは不思議ではなく、同馬をピンポイントで評価するのは難しいだろう。

今回のレースのポイントもやはり人気馬4頭

1番人気馬のオッズ別成績

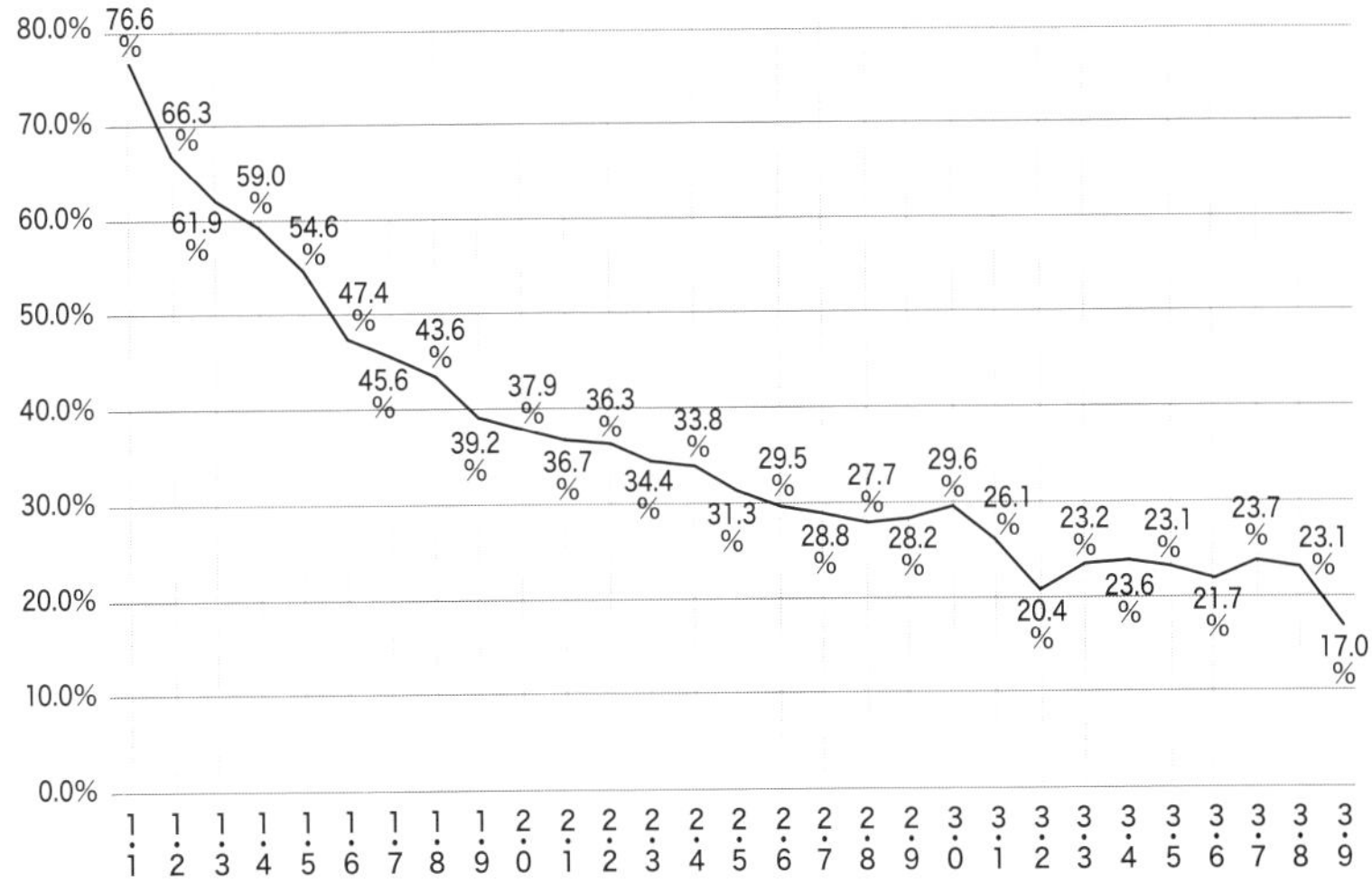

の中での取捨選択が上手くいったというのが大きい。このレースは15頭立てであったため、仮に「人気馬2頭＋人気薄1頭」の3連複フォーメーションを組んだ場合は66点になる計算であった。それでも3連複は15080円の配当となったので回収率は100％を超えるが、点数は抑えるに越したことはない。ただ、人気馬4頭を2頭にできなくても、今回のように抜けた1番人気であれば4頭のうちの1頭を1番人気にしてもいいだろう。フォーメーションで1番人気―2～4番人気―5番人気以下とするだけで66点から33点と半分まで減らすことができる。

なお、抜けた1番人気の判定だが、1番人気全体の勝率が32・5％で、2・4倍の勝率が33・8％。2・5倍が31・3％となっており（次ページ参照）、ここが分水嶺となってい

1番人気馬のオッズ別成績

単勝オッズ	1着数	2着数	3着数	4着数	5着数	着外数	総レース数	勝率	連対率	複勝率
1.1	49	7	4	1	1	2	64	76.6%	87.5%	93.8%
1.2	61	14	11	2	2	2	92	66.3%	81.5%	93.5%
1.3	109	34	15	8	1	9	176	61.9%	81.3%	89.8%
1.4	180	60	29	12	7	17	305	59.0%	78.7%	88.2%
1.5	218	86	38	18	14	25	399	54.6%	76.2%	85.7%
1.6	193	91	46	31	10	36	407	47.4%	69.8%	81.1%
1.7	311	158	69	45	39	60	682	45.6%	68.8%	78.9%
1.8	304	140	97	42	23	91	697	43.6%	63.7%	77.6%
1.9	295	159	101	61	36	100	752	39.2%	60.4%	73.8%
2.0	247	146	86	51	34	88	652	37.9%	60.3%	73.5%
2.1	237	138	82	59	33	97	646	36.7%	58.0%	70.7%
2.2	239	133	96	50	31	109	658	36.3%	56.5%	71.1%
2.3	253	143	107	63	46	123	735	34.4%	53.9%	68.4%
2.4	239	145	103	70	42	109	708	33.8%	54.2%	68.8%
2.5	226	145	100	63	36	153	723	31.3%	51.3%	65.1%
2.6	215	135	103	76	51	148	728	29.5%	48.1%	62.2%
2.7	208	129	94	79	52	161	723	28.8%	46.6%	59.6%
2.8	197	132	116	57	50	159	711	27.7%	46.3%	62.6%
2.9	183	107	91	60	55	152	648	28.2%	44.8%	58.8%
3.0	174	107	76	57	53	120	587	29.6%	47.9%	60.8%
3.1	143	85	71	44	51	154	548	26.1%	41.6%	54.6%
3.2	100	92	80	46	34	138	490	20.4%	39.2%	55.5%
3.3	97	61	49	42	42	127	418	23.2%	37.8%	49.5%
3.4	102	73	70	36	29	123	433	23.6%	40.4%	56.6%
3.5	97	77	51	40	32	123	420	23.1%	41.4%	53.6%
3.6	73	45	49	33	28	108	336	21.7%	35.1%	49.7%
3.7	70	50	39	19	23	94	295	23.7%	40.7%	53.9%
3.8	63	36	31	26	19	98	273	23.1%	36.3%	47.6%
3.9	43	37	27	21	25	100	253	17.0%	31.6%	42.3%
4.0	27	32	22	26	14	87	208	13.0%	28.4%	38.9%
4.1	25	19	26	19	17	55	161	15.5%	27.3%	43.5%
4.2	25	22	8	15	10	66	146	17.1%	32.2%	37.7%
4.3	14	20	8	14	12	50	118	11.9%	28.8%	35.6%
4.4	13	17	15	7	10	41	103	12.6%	29.1%	43.7%
4.5	8	8	7	3	11	32	69	11.6%	23.2%	33.3%
4.6	9	6	5	7	0	31	58	15.5%	25.9%	34.5%
4.7	9	6	8	7	2	16	48	18.8%	31.3%	47.9%
4.8	7	5	3	5	1	22	43	16.3%	27.9%	34.9%
4.9	8	5	1	4	2	20	40	20.0%	32.5%	35.0%
5.0	5	2	3	1	3	8	22	22.7%	31.8%	45.5%
5.1	3	0	2	2	5	8	20	15.0%	15.0%	25.0%
5.2	4	1	1	0	1	7	14	28.6%	35.7%	42.9%
5.3	2	2	1	1	1	3	10	20.0%	40.0%	50.0%
5.4	1	1	1	0	0	4	7	14.3%	28.6%	42.9%
5.5	1	2	0	0	0	1	4	25.0%	75.0%	75.0%
5.6	2	1	0	0	0	3	6	33.3%	50.0%	50.0%
5.7	0	0	1	0	0	5	6	0.0%	0.0%	16.7%
5.8	0	0	0	1	0	2	3	0.0%	0.0%	0.0%
5.9	1	0	0	0	0	1	2	50.0%	50.0%	50.0%
6.0	0	0	0	0	0	1	1	0.0%	0.0%	0.0%
6.3	0	0	0	0	0	1	1	0.0%	0.0%	0.0%

る。そのため、2・4倍以下の1番人気がいれば軸として考えても良さそうだ。

能力の優れた馬はオッズからわかるので、最大18頭から予想するのではなく4頭の中から予想すればいいだけなのだ。

1倍台の1番人気が出走していれば点数を絞って的中するチャンス!

【2020年3月31日 中山10R 船橋ステークス】

もうひとレース、信頼できる1番人気から的中できたパターンがあるので紹介したい。取り上げるのは2020年に行われた船橋ステークスだ。

このレースの1番人気はメイショウキョウジ。前走ではオープンクラスの北九州短距離ステークスで2着に好走。ここまで7戦続けて連対しており、デビューから芝1200mでは9戦して一度も3着を外していないという戦歴の持ち主であった。実績から見ても明らかに抜けた存在。当然、単勝オッズは1・9倍と1倍台の評価になっていた。

単勝オッズ1・9倍の馬の勝率は39・2%。複勝率は73・8%にまで上る。1倍台全体での勝率は48・1%、複勝率は80・6%と2回に1回は勝利して馬券圏内には5回に4回は入るという計算だ。ここまでの成績ならよほど何か自身の予想で消しにできるような根拠がない場合

2020年3月31日　中山10R　船橋ステークス

枠・馬番	印	騎手・斤量	馬名・血統	厩舎・成績	前走	前々走
1 1 白	関西(61.6)63.2 △△○△:△△ 7.1 ←	内田博 57 0100	クロフネ 牡5 ニシノキントウン ニシノモレッタ③ 黒鹿 タイキシャトル 西山茂行 高昭牧場	北出(栗)0.1.0.1 3-1-3-16 0 1 2 1 1500 ・⑥・・⑧②・・ 中2週1015	1中②3・1豊明3勝18ト8 三芝A1087柴山57 M34.9-33.8 ⑩⑧ タイセイアベ0.5 468 5人9 栗坂 51.7 37.4 12.5	2中❹3・8アク3勝16ト2 三芝A1095内田博53▲ M35.0-34.5 ⑥⑦③中 メジェールス 466 14人9 連闘中間軽め
2	(59.9)61.2 ::::::: ☆ ←	野中 55 初騎乗	マツリダゴッホ 牝6 アリンナ ヴンダーゾンネ③ 鹿毛 グラスワンダー ノルマンディ 岡田スタッド	上原(北)1.0.0.0 4-1-2-22 3 2 0 0 1550 ・・・・⑦・・・ 中3週0001	1中①1・5サン3勝16ト9 三外C1088フォーリ55 H33.6-35.2 ⑤④④外 エングルヘン0.8 438 12人12 美坂 51.7 38.4 13.6	1中②3・1豊明3勝18ト7 三芝A1087斎藤55 M35.3-33.4 ⑭⑮中 タイセイアベ0.5 438 9人17 美坂 54.1 38.6 13.6
2 3 黒	関西(62.3)63.9 ◎▲◎○○○◉ 3.0 ←	石橋脩 57 初騎乗	ダイワメジャー 牡5 メイショウキョウジ アルペンローズ 鹿毛 Kris S. 松本好雄 三嶋牧場	藤岡健(栗)1.1.0.0 2-8-4-4 2 4 4 0 1160 ・・②・・・・・ 中5週0101	1小❷1・19巌流2勝18ト1 三芝A1092藤岡佑57C◎ H33.9-35.3 ②②②内 0.3ヒロイックア 480 13人1 CW 84.9 38.8 11.5	1小⑩2・16短距離17ト2 三芝B1101松若56C△ H34.7-35.4 ⑪⑩⑩ シヴァージ0.1 486 10人3 CW 66.9 38.1 11.9
4	関西(63.4)63.1 △:::△:△ 21.5 ←	柴田善 55 初騎乗	エンパイアメーカー 牝7 ブライティアレディ ブライティアパルス⑥ 青鹿 ダイタクリーヴァ 小林昌志 雅牧場	武幸(栗)0.1.0.1 3-3-5-21 0 0 6 0 1300 ・③・・・⑦・・ 中2週0013	2京④2・9山城3勝16ト3 三外B1097シュタル55○ M35.5-34.2 ⑧⑧ ブリディカメ0.1 440 1人4 栗坂 55.0 39.1 12.3	2中❹3・8アク3勝16ト7 三外A1099ルメール54○ M34.9-35.0 ⑤⑤⑥中 メジェールス0.4 436 12人4 栗坂 55.3 39.5 12.4
3 5 赤	B 関西(60.7)58.8 △△::::△ 14.6 ←	松田 57 3209	スズカマンボ 騙5 スリーケープマンボ スリーオーシャン⓪ 鹿毛 オペラハウス 中京 永井商事 信岡牧場	武英(栗)0.0.0.0 3-2-0-13 1 4 0 0 1500 ・3カ月休養・・ 中11週0000	1中①1・5サン3勝16ト11 三外C1094松田57B H33.8-35.6 ⑥⑥⑥中 エングルヘン1.4 484 10人4 栗P 85.0 40.0 12.4	リフレッシュ・放牧 仕上がり良好 初戦⑦着 推定馬体484 中9週以上1004
6	関西(62.4)60.1 :::◎:△: 18.4 ←	鮫島駿 57 初騎乗	アッミラーレ 騙8 ニシオボヌール ターフマジョリック① 黒鹿 タイキシャトル 三宅勝俊 中島牧場	高橋亮(栗)0.1.0.0 4-7-1-29 5 2 4 0 1550 ・3カ月半休養・ 中14週0102	4中⑥12・15浜松3勝17ト10 三芝A1090藤井54△ S34.9-34.1 ⑥⑥中 ナランフレグ0.8 500 15人10 CW 50.9 36.8 11.7	リフレッシュ・放牧 仕上がりまずまず 初戦①着 推定馬体500 中9週以上1216
4 7 青	(59.5)60.4 ▲:::::▲ 13.6 ←	菊沢 57 0001	ローズキングダム 騙5 アンブロジオ アンディフォナ① 栗毛 Songandaprayer 福島 シルクレーシング 白老F	菊沢(南)0.0.0.0 3-4-0-9 0 4 3 0 1500 ・・・・⑪・・・ 中3週1000	5中⑨12・28立志3勝16ト15 芝外A1350池添56 H35.9-36.4 ⑪⑧⑥⑦外 モルフェオル0.9 454 13人15 美坂 54.7 39.7 12.9	1中②3・1豊明3勝18ト10 三芝A1088菊沢57 M35.1-33.7 ⑫⑩中 タイセイアベ0.6 448 11人15 南W 68.4 39.2 12.8
8	(62.8)63.8 ○:▲▲△▲○ 6.0 ←	大野 55 0223	モンテロッソ 牝5 ビリーバー デイドリーマー① 黒鹿 ネオユニヴァース ミルファーム ミルファーム	石毛(北)0.0.0.0 3-2-7-13 1 0 3 1 1500 ・・・・③・・・ 中3週1002	1中①1・5サン3勝16ト4 三外C1082杉原55△ H34.7-33.5 ⑮⑮⑭中 エングルヘン0.2 470 8人9 南W 72.3 41.7 13.4	1中②3・1豊明3勝18ト3 三芝A1083杉原55△ M35.5-32.8 ⑨⑦外 タイセイアベ0.1 462 1人3 南W 66.5 38.1 12.0
5 9 黄	(62.0)62.9 ::△::△: 24.3 ←	木幡巧 55 0100	キングズベスト 牝6 タケショウベスト タケショウレジーナ⑤ 鹿毛 ダンスインザダーク ナイト商事 富菜牧場	田中清(北)0.1.0.1 4-5-6-14 0 1 7 1 1550 ・・・・・⑤・・ 中2週0102	1中①1・5サン3勝16ト7 三外C1084武藤55△ H34.4-34.0 ⑬⑫⑬ エングルヘン0.4 478 5人8 南W 65.6 37.6 12.5	2中❹3・8アク3勝16ト5 三外A1099武藤52 M35.2-34.7 ⑧⑨⑩外 メジェールス0.4 476 15人12 南W 65.0 38.5 13.2
10	(58.7)58.0 ::::::: 42.7 ←	柴田大 55 1003	レッドスパーダ 牝4 ナーゲルリング トシザコジーン③ 黒鹿 アドマイヤコジーン ビッグレッドF 浦河小林牧場	大和田(北)0.1.0.0 3-1-0-13 2 1 1 0 1500 ①・・・⑭・・・ 中3週0001	1小⑥2・2周防2勝18ト1 三芝A1104柴田大50 H34.3-36.1 ⑧⑨⑥ ケイアイサク 464 2人14 南W 73.0 40.5 12.2	1中②3・1豊明3勝18ト14 三芝A1091柴田大55 M34.7-34.4 ⑤⑦中 タイセイアベ0.9 474 13人16 南W 73.0 42.0 14.2
6 11 緑	関西(56.6)56.8 :◎△:::: 16.3 ←	石川裕 55 初騎乗	ディープインパクト 牝4 ブリッツアウェイ スウィフトテンパー 黒鹿 Giant's Causeway 吉田照哉 社台ファーム	音無(栗)1.0.0.1 3-0-1-5 0 3 0 0 1500 ・3カ月休養・・ 中11週0000	1中①1・5サン3勝16ト16 三外C1102石橋脩54△ H34.4-35.8 ⑬⑫⑮内 エングルヘン2.2 448 6人5 栗坂 52.2 38.4 13.2	リフレッシュ・放牧 仕上がりまずまず 初戦④着 推定馬体448 中9週以上2001
12	関西(58.8)61.5 :::△▲:: 19.8 ←	津村 55 初騎乗	ディープインパクト 牝6 ワールドフォーラブ ユニバーサル③ 黒鹿 ブライアンズタイム 新冠 吉澤克己 様似渡辺牧場	音無(栗)0.0.0.1 4-3-3-14 1 2 4 0 1550 ・・・・・①・・ 中2週0014	1中①1・5 2勝16ト12 三外C1094フォーリ55△ M34.5-34.9 ⑤⑥⑥ タイセイソニ0.6 450 4人2 栗坂 53.5 39.3 13.1	1中③3・7中京2勝18ト1 三芝A1085吉田隼54○ M35.0-33.5 ⑥⑥ テェスアー 458 2人2 栗坂 51.9 38.3 13.1
7 13 橙	B (58.2)57.4 :::::◎: 16.7 ←	勝浦 57 初騎乗	ローエングリン 牡9 クラウンルシフェル サザンベル⓪ 栗毛 サウスヴィグラス クラウン 日高牧場	大和田(北)1.0.0.3 4-1-0-35 3 2 0 0 1550 ・⑬・・⑰・・・ 中3週0006	2京④2・9山城3勝16ト13 三外B1101高倉57B M35.0-35.1 ⑫②内 ブリディカメ0.5 490 4人16 北C 69.4 39.8 13.7	1中②3・1豊明3勝18ト17 三芝A1092高倉57B M35.3-33.9 ⑭⑮内 タイセイアベ1.0 484 4人18 北C 53.3 38.7 13.5
14	(62.5)62.5 ▲○▲▲△▲▲ 7.6 ←	丹内 57 1010	モンテロッソ 牡4 ホープフルサイン ステラーホープ② 黒鹿 グラスワンダー Aサッポロ 日進牧場	本間(北)0.0.0.1 3-0-2-8 0 2 1 0 1500 ・・⑧・・⑧・・ 中2週1002	1東⑤2・15雲雀3勝16ト8 芝D1213江田照56 M35.8-34.2 ⑪⑪ ベストアクタ0.5 484 1人8 美坂 52.2 38.1 12.4	2中❹3・8アク3勝16ト8 三外A1100江田照56△ M34.9-35.1 ⑥⑤⑥内 メジェールス0.5 494 2人6 美坂 51.3 37.8 12.6
8 15 桃	(60.2)59.1 :▲::◎:: 14.6 ←	武藤 57 初騎乗	ハービンジャー 騙7 ナンヨーアミーコ ピクシーダスト⑤ 栗毛 サンデーサイレンス 中村徳也 社台ファーム	宗像(北)0.0.0.0 4-6-6-17 0 0 6 4 1550 ・3カ月半休養・ 中14週0001	4中⑥12・15浜松3勝17ト14 三芝A1093北村友56C S36.3-33.0 ⑰⑰ ナランフレグ1.1 438 2人13 美坂 55.1 40.6 13.2	去勢・放牧 仕上がり上々 初戦②着 推定馬体434 中9週以上1024
16	(62.1)61.2 ::△:△:: 20.5 ←	吉田豊 57 0002	マンハッタンカフェ 牡8 ダイトウキョウ マネーペニー 鹿毛 Monarchos 市川義美 オリオンファーム	戸田(南)0.0.0.1 4-5-2-23 1 2 3 3 1350 ・☆・・・⑨・☆ 中2週1013	1中①1・5サン3勝16ト5 三外C1083田辺57 H34.4-33.9 ⑫⑫⑫外 エングルヘン0.3 466 4人11 南W 68.2 38.4 13.0	2中❹3・8アク3勝16ト9 三外A1100田辺55 M35.5-34.5 ⑫⑬⑫中 メジェールス0.5 470 4人8 南W 68.7 40.5 12.5

2020.3.31　中山10R　船橋S　芝1200m

着順	馬名	性齢	騎手	人気
1	③メイショウキョウジ	牡5	石橋脩	1
2	⑧ビリーバー	牝5	大野	2
3	②アリンナ	牝6	野中	14

3連複②③⑧16,550円

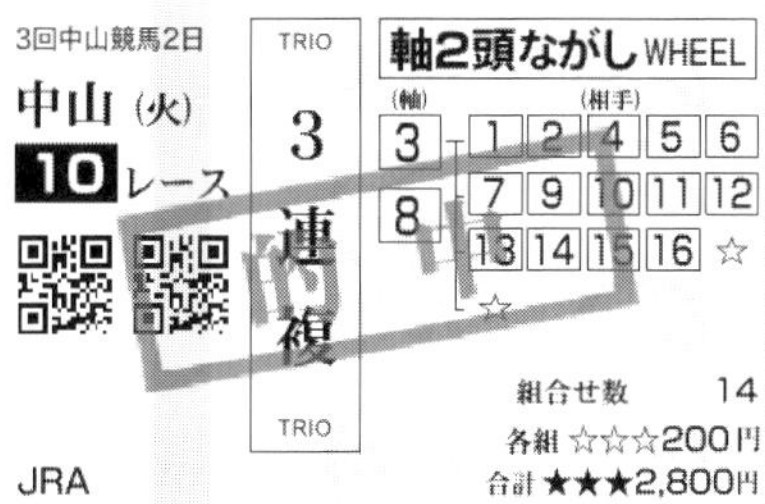

は素直に評価すべきである。

しかし、1倍台になるような馬を買っても儲からない。そう思っているのではないだろうか。そんなことはない。買い方次第でいくらでも儲けることは可能だ。

「人気馬2頭＋人気薄1頭」システムに当てはめて、そのうち人気馬の1頭を1倍台の1番人気とする。そうすればフォーメーションで1番人気―2〜4番人気―5番人気以下となるので15頭立てで最大で66点から33点と半分まで減らすことができるのは説明したとおりだ。

実際、過去に1倍台の1番人気がいたレースに限定してこの組み合わせで購入した場合、平均買い目数は27・7点となっている（次ページ参照）。そして平均獲得配当は4706円。仮に最大の36点購入しても平均配当はそれを上回る金額となっているのだ。なお、的中率は43・0

1倍台の1番人気がいた場合の成績

的中率	平均買い目数	平均獲得配当	配当レンジ(最多シェア)
43.0%	27.7点	4,706円	2,000~4,99円

%となっている。1倍台の馬がいるレースではこの組み合わせでおよそ2回に1回は的中している。

このレースでは実際に1倍台の1番人気メイショウキョウジが人気に応えて勝利。2着には2番人気のビリーバーが入線した。1、2番人気の決着で馬連は680円の超順当決着となったが、3着に14番人気のアリンナが入線。これで3連複は16550円の万馬券となったのだ。人気薄は1着よりも2着、2着よりも3着の確率が高い。馬連だと届かなかった高配当も3連複なら的中することが可能。やはりこのシステムに最も利用しやすい券種と言えるだろう。

筆者はビリーバーを人気馬の2頭目に固定したが、もちろん1倍台の馬がいるので配当面を考えて絞れるなら絞れる方がいい。しかし、その分システム内での決着でも外れるリスクがあるのは考慮すべきだろう。いずれにしても、1倍台でも嫌わずにむしろ利用すれば高確率で的中することができ、かつこのような万馬券も手にすることができるのだ。

人気馬で結果を出す騎手、出せない騎手

【2019年6月8日　阪神12R　3歳以上1勝クラス】

72ページのデータが示すように、1番人気の支持が2・4倍以下なら信頼してもいい。逆に言えば、2・5倍以上の1番人気は少し疑ってみてもいい。そうなったのが2019年に行われた阪神12Rの3歳以上1勝クラスだった。

1番人気はショウナンパンサー。前走は同クラスで2着に好走するも、勝ち馬とは1秒差もつけられていた。2走前には1番人気に支持されるも5着。決して能力上位というわけではなく、3・1倍というオッズであることからも押し出された1番人気という様相を呈していた。3・1倍の1番人気の勝率は26・1%。これは2番人気の勝率19・1%よりも高く、やはり人気が示す通り基本的には1番人気というのは能力上位であることは間違いない。それでも同じ1番人気でも1倍台と3倍台では好走確率は違い、抜けた支持を得ていないのなら人気馬の1頭を1番人気にするのではなく、少々購入点数が広がっても許容するほうがいいだろう。

2019年6月8日　阪神12R　3歳以上1勝クラス

1白	1	B (54.8)55.5 ::::::: 36.2 ←—圏	57 小牧太 1011	ペーカバド㊥ 牡5鹿毛 **キングレイスター** サザンレイスター㊥ 伊藤正男 サザンヘイロー㊥ 浜口牧場	大橋㊞ 0.0.0.1 1-1-2-22 逃0先2差0追0 200 ・⑦・・⑪・⑥・	3京⑧5・12 500万下 16ト11 天ダ1536小牧太57B M37.1-38.7②②②②内 ブリッツシュ0.8 496 7人11	3京⑫5・26 500万下 13ト6 天ダ1540小牧太57B M38.3-38.3⑨⑪⑥④外 キンショーヘ0.4 492 10人10
1白	2	(57.0)58.5 △:△::△△ 12.4 ←—圏	57 和田竜 0102	クロフネ㊥ ヒダカファー 牡5鹿毛 **セヴィルロアー** レイテッド⓪ 北畑忍 ジャングルポケット㊥	森田㊞ 0.1.0.6 1-3-2-18 逃0先2差2追0 200 ・④・・②・・・	3京①4・20 500万下 14ト4 天ダ1530 和田竜57 H36.8-39.3⑥⑥③③内 エクスパート0.4 482 6人7	3京⑧5・12 500万下 16ト2 天ダ1530 松山57 M37.2-38.0②②②③中 ブリッツシュ0.2 490 6人5
2黒	3	(49.4)53.3 △▲◎◎○○○ 4.3 ←—圏	54 川田 初騎乗	ヘニーヒューズ㊥ 鹿毛牡3鹿毛 **クレッセントムーン** スカイクレイバー③ ㈲シルクレ サンデーサイレンス㊥ ノーザン	高野㊞ 0.0.0.1 1-0-1-1 逃0先0差1追0 400 ・3カ月休養・・	1阪⑧3・17 500万下 13ト3 天ダ1543 シュタル56△ M38.0-37.2②②②②内 エルモンスト0.4 486 3人4	ソエ・放牧 仕上がり上々 初戦⑧着 推定馬体490 中9週以上1010
2黒	4	(51.9)53.4 ::::::: 24.1 ←—圏	54 幸 1000	㊗ゴールドアリュール㊥ 牡3鹿毛 **タケルライジング** ヒシタイトル① 森保彦 キングカメハメハ㊥ 中村雅明	西園㊞ 0.0.0.0 1-0-1-3 逃0先0差1追0 400 ・・・・・・①・	2阪②3・24 未勝利 15ト7 天ダ1576 松若56 M39.5-40.7④④②①中 メイショウテ3.4 516 10人11	3京①5・25 未勝利 14ト1 天ダ1548 幸 56△ M37.7-38.0⑦⑥④②内 ヘレシブロケイ 514 14人4
3赤	5	(50.8)52.7 ::::::: 32.4 ←—圏	☆ 56 富田 0002	㊗メイショウボーラー㊥ 牡4鹿毛 **メイショウダブル** フェアナタリー⓪ 松本好雄 ダンスインザダーク㊥ 斉藤英	本田㊞ 0.1.0.0 1-2-0-11 逃3先0差0追0 400 ・・・・・・⑬・	2阪⑤4・6 500万下 16ト15 三ダ1145 松山57 H36.3-38.2 ⑧⑧⑨外 スピリットワ2.6 506 13人8	3京①5・25 500万下 16ト10 西ダ1266 富田56 H37.6-36.7 ⑯⑯⑯内 サンライズア1.0 510 9人14
3赤	6	(52.9)56.1 ::::::: 35.9 ←—圏	54 古川吉 1010	ヨハネスブルグ㊥ 牡3鹿毛 **ヨ　ハ　ン** マストバイアイテム③ サイプレ アフリート㊥ 下河辺牧場	高橋康㊞ 0.0.0.0 1-0-2-4 逃0先1差0追0 400 ・・・③・・☆・	1阪⑥3・10 500万下 8ト8 三ダ1162 藤岡佑56△ M37.9-38.3 ⑧⑧⑧外 アヴァンティ4.0 434 7人6	3京⑥5・5 500万下 16ト3 西ダ1257 古川吉56 H36.3-37.1 ⑯⑮⑭中 イメル0.4 428 15人13
4青	7	B (56.1)56.5 ::::::: 22.3 ←圏	57 岩田康 初騎乗	㊗オルフェーヴル㊥ 牡4鹿毛 **ゴールドパッキャオ** アーマイン㊥ 増田和啓 Exchange Rate ㊥ ノーザン	安田翔㊞ 0.0.0.0 1-1-2-9 逃0先0差2追0 400 ④・・・・・・・	1阪⑧3・17 500万下 13ト5 西芝外A2302池添56△ M39.4-37.1①①⑧⑦中 エイシンクリ1.0 466 7人5	3神⑧4・14 500万下 11ト4 天ダ1549 池添57▲ S38.9-37.5④⑤④④中 マイネルツァ0.7 470 6人4
4青	8	(55.9)56.3 ::::::: 20.4 ←圏	57 小崎 12316	パイロ㊥ 牡8鹿毛 **オンワードハンター** オンワードイイデス⓪ 樫山章子 カコイーシーズ㊥ オンワード牧	村山㊞○0.1.1.7 1-3-7-40 逃0先0差3追1 200 ・・・・・・⑤・	2中京⑥3・24 500万下 11ト5 元ダ2014 福永57 M38.6-37.8⑤⑤⑦⑦内 ライデンバロ0.5 480 4人7	3京⑫5・26 500万下 13ト5 天ダ1539 和田竜57 M38.2-37.8⑪⑨⑨⑧外 キンショーヘ0.3 476 3人7
5黄	9	(52.5)52.9 ::::::: 42.9 ←—圏	△ 52 西村淳 初騎乗	タートルボウル㊥ 牡3鹿毛 **ベストタッチダウン** タッチザピーク③ ㈲社台RH スペシャルウィーク㊥ 社台F	橋口慎㊞ 0.0.0.0 1-0-0-4 逃0先0差1追0 400 ・・・・・・⑧・・	5阪⑧12・23 千両500 12ト8 天芝外B1367鮫島駿55 M36.3-35.6 ⑥⑥⑥中 マイネルフラ0.9 458 5人10	1新⑦5・18 早苗500 9ト8 天芝外B1487鮫島駿56 S36.5-36.2 ②②②内 シフルマン1.9 466 4人8
5黄	10	(56.0)56.6 :△△▲△△△ 17.9 ←—圏	57 水口 21021	シルバーチャーム㊥ 牡5鹿毛 **サウンドテーブル** サンデーストーリー① 山上和良 サンデーサイレンス㊥ 金球美	田所秀㊞ 0.0.0.3 2-1-0-24 逃0先2差1追0 450 ・・・④・・④・	3京⑤5・4 500万下 11ト4 元ダ2005 水口57△ M37.2-39.0②②②①先 ウインネプチ0.4 506 10人9	3京⑫5・26 500万下 13ト4 天ダ1539 水口57 M37.1-38.9②②②②内 キンショーヘ0.3 504 1人5
6緑	11	(54.2)55.8 ▲◎△○△△△ 7.1 ←—圏	54 国分恭 0220	㊗オルフェーヴル㊥ 牡3鹿毛 **ヒッチコック** ホワイトアルバム② 新浦英稔 クロフネ㊥ 荻伏三好ファーム	中竹㊞ 0.0.0.1 1-2-3-2 逃1先0差2追0 400 ・・・・・・③・	1阪③3・2 未勝利 14ト1 天ダ1537 福永56△ M37.2-38.5①①①①先 0.3サンライズア 486 3人2	3京①5・25 500万下 16ト3 天ダ1531 国分恭56 M37.6-37.4⑨⑨⑥⑦外 ローザノワー1.7 490 12人6
6緑	12	(55.9)57.1 △○▲△▲△▲ 5.9 ←—圏	54 福永 1010	アンクルモー㊥ 牡3鹿毛 ㊇**アヴァンセ** アバヴヘヴン㊥ 飯田正剛 Mr.Greeley ㊥ Mイイダ	吉村㊞ 0.0.0.0 1-1-1-1 逃0先1差1追0 400 ・・・・・・③・	1阪⑧3・17 500万下 13ト7 天ダ1552 岩田康56△ M38.4-37.7⑥⑥⑦⑦中 エルモンスト1.3 476 12人2	2東⑫5・26 500万下 16ト3 天ダ1393 福永56○ H36.8-37.2 ⑨⑩⑩中 オンザウェイ0.5 474 10人1
7橙	13	(56.4)57.0 ○:△:::△ 9.7 ←—圏	☆ 53 坂井瑠 0011	ヘニーヒューズ㊥ 牡3鹿毛 **タイセイビルダー** ラフィカ⓪ 田中成奉 サンデーサイレンス㊥ ノーザン	矢作㊞ 0.0.0.0 1-0-2-3 逃0先0差1追0 400 ・・⑥・・③・・	2東③4・27 500万下 15ト6 天ダ1391 松岡56C△ M36.3-37.8 ①②②内 アシャカトブ1.1 498 2人7	2東⑩5・19 500万下 16ト3 天ダ1386 坂井瑠55C M35.9-37.3 ①①①先 マッスルビー0.4 506 1人12
7橙	14	B (56.4)56.5 :△:△△△: 26.9 ←—圏	▲ 54 斎藤 初騎乗	㊗ハーツクライ㊥ 牡4鹿毛 **アルゴセイコウ** ウインクリアビュー④ エンジェ キングカメハメハ㊥ 川島牧場	角田㊞ 0.1.0.1 1-2-2-10 逃1先2差0追0 400 ・2カ月放牧・・	2中京③3・16 500万下 10ト4 元ダ2040西村淳54B△ M38.3-40.5①①②③先 ヒルノアトラ1.3 474 1人2	2阪④3・31 500万下 13ト6 宇ダ2082浜中57B▲ M36.2-39.4①①①①先 ランドジュピ1.5 468 10人3
8桃	15	(51.3)50.6 ::::::: ☆ ←—圏	54 藤懸 1003	キンシャサノキセキ㊥ 牡3鹿毛 **タ　ゴ　ム** コウエイテンプウ② 杉澤光雄 デヒア㊥ 小泉牧場	武英㊞ 0.0.0.0 1-0-0-8 逃0先0差1追0 400 ・・・・・・⑫・	1阪⑦3・16 未勝利 16ト1 西ダ1266 藤懸56 H37.0-37.2 ②①⑧先 ダノンハイロードシ 480 12人8	3京⑫5・26 500万下 16ト12 西ダ1265 藤懸56 M36.8-37.4 ②⑤⑥先 チュウワフラ2.0 482 8人11
8桃	16	(56.0)56.9 ◎△◎△◎◎◉ 3.3 ←—圏	54 川須 1203	㊗ショウナンカンプ㊥ 騸3鹿毛 **ショウナンパンサー** ダイアゴナルクロス① 国本哲秀 シンボリクリスエス㊥ 社台F	梅田智㊞ 0.0.0.0 1-2-0-6 逃0先3差0追0 400 ・・・・・・②・	1小⑤2・23 くす500 16ト5 毛ダ1467 川須56◎ M37.4-38.3⑧⑧③④外 ラインカリー0.8 484 15人1	3京①5・25 500万下 16ト2 天ダ1524 川須56○ M37.2-36.9④④④④先 ローザノワー1.0 492 1人2

2019.6.8　阪神12R　3歳上1勝クラス　ダ1800m

着順	馬名	性齢	騎手	人気
1	⑫アヴァンセ	牡3	福永	3
2	③クレッセントムーン	牡3	川田	2
3	⑨ベストタッチダウン	牡3	西村淳	11

3連複③⑨⑫23,620円

万馬券的中証明書

様

2019年06月08日
JRA日本中央競馬会

あなたは下記の万馬券を的中させましたので
ここに証明いたします。

記

2019年　3回阪神3日　12R
3連複 03－09－12　100円購入
払戻金単価　@23,620円
払戻金合計　23,620円

2番人気クレッセントムーンが4・1倍と差のないオッズで続く。同馬は同クラスの前走を0・4秒差の3着に好走。このとき2着のマッスルビーチは3走後に1勝クラスを突破しており、相手関係と着差を見てもこちらが上回れる可能性は十分考えられた。3番人気アヴァンセも前走の同クラスで3着に好走。4番人気のヒッチコックは1番人気ショウナンパンサーが2着に敗れた前走と同じレースに出走して3着だった。ショウナンパンサーが1秒離されたレースで、そこからさらに0・7秒離されていたのが同馬である。

結果的にこのレースは1番人気のショウナンパンサーは5着に敗戦。勝利したのは3番人気のアヴァンセで、2着にも2番人気クレッセントムーンが入線している。1番人気こそ敗れたものの、人気馬2頭がしっかりと3着内に好走しているのだ。そして3着に入線したのは11番人気のベストタッチダウン。後にダートで重賞に出走することとなる同馬だが、この時点では芝で頭打ちとなりダートへ路線変更をしてきた初戦という戦歴。人気薄になるのも致し方なく、やはり同馬を軸に据えて予想するというのは難易度が高いだろう。人気薄は予想をせずに引っかかるのを待つ方がいい。このレースも人気薄が1頭は馬券に絡み、「人気馬2頭＋人気薄1頭」の完成である。3連複は23620円の万馬券となった。

また、このレースは他にも付け加えるのなら、人気馬に騎乗していた騎手もポイントに挙げられるだろう。1番人気ショウナンパンサーの鞍上は川須栄彦騎手。2番人気クレッセントムーンは川田将雅騎手で、3番人気アヴァンセは福永祐一騎手。そして、4番人気ヒッチコックは国分恭介騎手であった。人気馬の定義となる1～4番人気の勝率は18・6％。そして人気馬に騎乗した際の各騎手の成績を見てみると、上から順にモレイラ騎手、ルメール騎手、レーン騎手と外国人騎手が並び、4位にクレッセントムーンに騎乗した川田将雅騎手が25・1％としている。基準値を大幅に上回る成績と非常に優秀である。そして10位にはアヴァンセに騎乗していた福永祐一騎手が21・7％で名を連ねる。こちらも基準値を上回る優秀な成績だ。一方、ショウナンパンサーの川須栄彦騎手は84位で勝率は15・5％。ヒッチコックの国分恭介騎手は107位で13・7％としていた。このデータを見ると、騎手という視点で人気馬の予想にメリハリをつけてもいいかもしれない。

人気馬ゾーンの騎手別成績（総数50件以上）

順位	騎手	1着数	2着数	3着数	4着数	5着数	着外数	総レース数	勝率	連対率	複勝率
1	モレイラ	107	53	34	30	23	58	305	35.1%	52.5%	63.6%
2	ルメール	872	559	409	295	240	814	3189	27.3%	44.9%	57.7%
3	レーン	76	38	41	27	18	87	287	26.5%	39.7%	54.0%
4	川田将雅	555	409	281	202	170	595	2212	25.1%	43.6%	56.3%
5	マーフィ	64	42	39	24	17	79	265	24.2%	40.0%	54.7%
6	岩部純二	16	5	9	2	8	28	68	23.5%	30.9%	44.1%
7	ムーア	51	43	24	22	12	66	218	23.4%	43.1%	54.1%
8	川島信二	33	25	21	14	18	34	145	22.8%	40.0%	54.5%
9	M. デム	563	390	336	242	200	795	2526	22.3%	37.7%	51.0%
10	福永祐一	457	370	277	228	166	607	2105	21.7%	39.3%	52.4%
11	アヴドゥ	17	11	11	8	4	28	79	21.5%	35.4%	49.4%
12	スミヨン	16	12	12	6	5	24	75	21.3%	37.3%	53.3%
13	戸崎圭太	552	444	327	251	215	801	2590	21.3%	38.5%	51.1%
14	横山典弘	189	130	107	90	70	307	893	21.2%	35.7%	47.7%
15	伊藤工真	11	6	10	4	5	16	52	21.2%	32.7%	51.9%
16	ビュイッ	17	13	10	11	7	25	83	20.5%	36.1%	48.2%
17	藤岡佑介	196	172	120	92	82	306	968	20.2%	38.0%	50.4%
18	森裕太朗	34	27	25	12	14	56	168	20.2%	36.3%	51.2%
19	C. デム	41	27	33	22	18	64	205	20.0%	33.2%	49.3%
20	池添謙一	207	182	126	95	93	352	1055	19.6%	36.9%	48.8%
21	高倉稜	35	19	19	14	24	68	179	19.6%	30.2%	40.8%
22	田辺裕信	313	253	198	171	129	538	1602	19.5%	35.3%	47.7%
23	武豊	383	324	252	187	175	647	1968	19.5%	35.9%	48.7%
24	松山弘平	271	212	181	145	114	477	1400	19.4%	34.5%	47.4%
25	北村友一	260	220	196	142	106	420	1344	19.3%	35.7%	50.3%
26	バルジュ	28	27	21	20	10	39	145	19.3%	37.9%	52.4%
27	横山和生	37	29	22	25	15	65	193	19.2%	34.2%	45.6%
28	T. ベリー	11	12	10	7	4	14	58	19.0%	39.7%	56.9%
29	亀田温心	27	17	20	14	16	49	143	18.9%	30.8%	44.8%
30	武藤雅	84	64	63	60	45	132	448	18.8%	33.0%	47.1%
31	古川吉洋	89	82	55	44	41	164	475	18.7%	36.0%	47.6%
32	石橋脩	187	131	135	109	71	366	999	18.7%	31.8%	45.3%
33	小崎綾也	40	25	20	19	18	94	216	18.5%	30.1%	39.4%
34	原田和真	17	17	11	11	6	30	92	18.5%	37.0%	48.9%
35	井上敏樹	17	10	9	7	8	41	92	18.5%	29.3%	39.1%
36	小牧太	69	49	50	46	40	120	374	18.4%	31.6%	44.9%
37	北村宏司	140	106	102	87	74	256	765	18.3%	32.2%	45.5%
38	三浦皇成	225	201	157	137	103	412	1235	18.2%	34.5%	47.2%
39	横山武史	128	100	92	79	57	247	703	18.2%	32.4%	45.5%
40	中井裕二	28	21	25	16	8	56	154	18.2%	31.8%	48.1%
41	水口優也	18	12	9	13	8	39	99	18.2%	30.3%	39.4%
42	菱田裕二	99	75	63	56	64	188	545	18.2%	31.9%	43.5%
43	田中健	24	16	25	11	6	51	133	18.0%	30.1%	48.9%
44	吉田隼人	214	174	146	130	108	416	1188	18.0%	32.7%	44.9%

順位	騎手	1着数	2着数	3着数	4着数	5着数	着外数	総レース数	勝率	連対率	複勝率
45	菊沢一樹	41	36	35	28	21	70	231	17.7%	33.3%	48.5%
46	内田博幸	248	213	184	148	129	485	1407	17.6%	32.8%	45.8%
47	ヴェロン	13	12	10	9	4	26	74	17.6%	33.8%	47.3%
48	浜中俊	213	207	168	142	109	382	1221	17.4%	34.4%	48.2%
49	シュミノ	19	16	9	11	10	44	109	17.4%	32.1%	40.4%
50	川又賢治	54	35	45	26	29	121	310	17.4%	28.7%	43.2%
51	ボウマン	12	9	12	7	4	25	69	17.4%	30.4%	47.8%
52	柴山雄一	93	66	70	71	38	197	535	17.4%	29.7%	42.8%
53	F. ベリー	10	9	8	2	4	25	58	17.2%	32.8%	46.6%
54	坂井瑠星	92	78	68	46	57	194	535	17.2%	31.8%	44.5%
55	城戸義政	27	24	20	12	13	62	158	17.1%	32.3%	44.9%
56	団野大成	51	50	38	21	40	100	300	17.0%	33.7%	46.3%
57	丸山元気	155	140	120	87	71	341	914	17.0%	32.3%	45.4%
58	岩田望来	59	40	45	30	35	139	348	17.0%	28.4%	41.4%
59	ヒューイ	14	13	10	12	2	32	83	16.9%	32.5%	44.6%
60	石川裕紀	82	61	56	49	51	190	489	16.8%	29.2%	40.7%
61	菅原明良	29	26	31	7	10	70	173	16.8%	31.8%	49.7%
62	木幡育也	22	14	22	10	13	51	132	16.7%	27.3%	43.9%
63	宮崎北斗	14	10	10	7	7	36	84	16.7%	28.6%	40.5%
64	岩田康誠	266	262	249	183	157	482	1599	16.6%	33.0%	48.6%
65	幸英明	203	196	174	126	97	431	1227	16.5%	32.5%	46.7%
66	藤岡康太	192	169	142	117	102	439	1161	16.5%	31.1%	43.3%
67	斎藤新	50	44	29	41	20	119	303	16.5%	31.0%	40.6%
68	加藤祥太	39	34	35	22	22	86	238	16.4%	30.7%	45.4%
69	和田竜二	251	259	213	183	150	488	1544	16.3%	33.0%	46.8%
70	シュタル	41	42	37	33	19	81	253	16.2%	32.8%	47.4%
71	秋山真一	98	80	77	73	60	219	607	16.1%	29.3%	42.0%
72	和田翼	29	27	26	18	13	67	180	16.1%	31.1%	45.6%
73	酒井学	57	49	46	43	32	128	355	16.1%	29.9%	42.8%
74	柴田善臣	60	58	54	48	29	126	375	16.0%	31.5%	45.9%
75	藤井勘一	16	12	13	15	11	33	100	16.0%	28.0%	41.0%
76	松田大作	47	52	43	26	22	104	294	16.0%	33.7%	48.3%
77	西村淳也	64	72	54	35	32	144	401	16.0%	33.9%	47.4%
78	荻野極	79	75	55	54	41	194	498	15.9%	30.9%	42.0%
79	津村明秀	136	157	102	111	87	272	865	15.7%	33.9%	45.7%
80	鮫島克駿	106	111	82	73	71	232	675	15.7%	32.1%	44.3%
81	国分優作	26	18	22	21	20	59	166	15.7%	26.5%	39.8%
82	蛯名正義	108	97	91	72	66	257	691	15.6%	29.7%	42.8%
83	泉谷楓真	10	8	4	11	4	27	64	15.6%	28.1%	34.4%
84	川須栄彦	45	47	33	30	21	114	290	15.5%	31.7%	43.1%
85	富田暁	35	32	27	24	20	88	226	15.5%	29.6%	41.6%
86	松若風馬	138	143	103	85	73	352	894	15.4%	31.4%	43.0%
87	木幡巧也	83	79	69	71	45	192	539	15.4%	30.1%	42.9%
88	ホワイト	8	11	14	4	3	12	52	15.4%	36.5%	63.5%

順位	騎手	1着数	2着数	3着数	4着数	5着数	着外数	総レース数	勝率	連対率	複勝率
89	田中勝春	54	39	54	37	31	139	354	15.3%	26.3%	41.5%
90	丸田恭介	53	50	45	36	46	120	350	15.1%	29.4%	42.3%
91	中谷雄太	44	47	37	34	23	107	292	15.1%	31.2%	43.8%
92	松岡正海	72	73	61	48	47	177	478	15.1%	30.3%	43.1%
93	四位洋文	66	83	58	41	45	146	439	15.0%	33.9%	47.2%
94	杉原誠人	16	18	10	11	6	46	107	15.0%	31.8%	41.1%
95	大野拓弥	171	182	159	151	117	373	1153	14.8%	30.6%	44.4%
96	鮫島良太	21	21	17	22	16	46	143	14.7%	29.4%	41.3%
97	長岡禎仁	14	15	10	10	15	32	96	14.6%	30.2%	40.6%
98	柴田大知	115	118	114	108	62	273	790	14.6%	29.5%	43.9%
99	ミナリク	18	16	11	13	15	51	124	14.5%	27.4%	36.3%
100	藤田菜七	76	80	46	59	49	217	527	14.4%	29.6%	38.3%
101	嘉藤貴行	17	18	13	12	13	47	120	14.2%	29.2%	40.0%
102	吉田豊	67	91	65	66	41	145	475	14.1%	33.3%	46.9%
103	山田敬士	12	11	15	12	10	26	86	14.0%	26.7%	44.2%
104	荻野琢真	9	3	10	10	10	23	65	13.8%	18.5%	33.8%
105	勝浦正樹	71	77	71	64	65	165	513	13.8%	28.8%	42.7%
106	義英真	14	20	12	16	10	30	102	13.7%	33.3%	45.1%
107	国分恭介	37	47	38	24	23	101	270	13.7%	31.1%	45.2%
108	黛弘人	25	38	26	24	17	65	195	12.8%	32.3%	45.6%
109	藤懸貴志	15	17	20	16	9	40	117	12.8%	27.4%	44.4%
110	丹内祐次	64	78	79	50	47	186	504	12.7%	28.2%	43.8%
111	岡田祥嗣	13	20	15	13	13	29	103	12.6%	32.0%	46.6%
112	江田照男	29	24	32	26	30	94	235	12.3%	22.6%	36.2%
113	太宰啓介	39	46	45	35	43	109	317	12.3%	26.8%	41.0%
114	武士沢友	15	25	18	15	11	38	122	12.3%	32.8%	47.5%
115	フォーリ	12	16	16	9	12	34	99	12.1%	28.3%	44.4%
116	野中悠太	31	44	28	28	26	99	256	12.1%	29.3%	40.2%
117	伴啓太	7	10	6	7	8	25	63	11.1%	27.0%	36.5%
118	三津谷隼	6	12	5	4	3	25	55	10.9%	32.7%	41.8%
119	木幡初也	19	32	19	28	20	62	180	10.6%	28.3%	38.9%
120	西田雄一	8	9	9	19	10	35	90	8.9%	18.9%	28.9%

●データは2016～2019年9月6日終了時点のもの(短期免許取得の外国人騎手及び引退騎手含む)。

馬場悪化時は1番人気を信頼しすぎるな！

【2020年3月15日　中山10R　東風ステークス】

もう一つ、1番人気がやや信頼感に欠けた一戦を振り返ってみたい。東風ステークスはオープンクラスのマイル戦で、過去にはグレーターロンドンがこのレースを制して安田記念を4着するなど比較的有力馬も参戦するレースとして有名である。2019年からはリステッド競走にも指定されており、さらに注目度の高まるレースだ。

2020年の当レースは混戦模様。1番人気は前走で約2年ぶりの勝利をあげた重賞ウイナーのジャンダルム。しかしまだ信頼には足らず、3・2倍の1番人気となっている。2番人気はアストラエンブレム。かつては重賞でも好走していたがセン馬になり年齢も7歳。衰えもあり近年は重賞では通用していないが、オープンクラスでは上位争いをしている。そして3番人気は2走前に京都金杯で3着に好走しているボンセルヴィーソ。最後の4番人気は後方から毎回速い上がりを使っていたストーミーシーとなり、ここまでが人気馬ゾーン。

1番人気ジャンダルムはオッズが3・2倍。2・5倍以上の1番人気であるため信頼度は一枚落ちる。さらに、この日の芝は前半時点だと重馬場で進んでいた。当レースの頃には稍重へと回復していたが、馬場状態としてはあまり良い状態であったとは言えない。馬場が悪化するとその分不確定要素が高まり、荒れる要素が高まる。例えば芝の場合、重馬場で1番人気の勝

2020年3月15日　中山10R　東風ステークス

1 白	1	関西(64.3)63.6 ：：：：：○： 27.1	川又 55 初騎乗	ハーツクライ 牝4 ノーワン プレイガール 鹿毛 Caerleon 藤田好紀 飛野牧場	笹田 0.0.0.1 2-0-3-7 0 0 2 0 3000 ・・・・・・⑮・・ 中2週 0 0 1 0	5阪⑦12・21阪神C GII18ト5 西芝内B1204坂井瑠54 M35.5-34.1 ⑭⑭⑬内 グランアレグ1.0 488 3ト13人 栗坂 54.1 38.1 11.9	2京⑦2・22京牝S GIII17ト15 西芝外B1242坂井瑠54△ S37.6-34.7 ⑫⑤⑭外 サウンドキア1.0 488 16ト9人 栗坂 51.7 38.0 12.0
1 白	2	(66.0)66.4 △△△▲○◎△ 8.5	横山武 57 初騎乗	アドマイヤムーン 牡7 ストーミーシー リーベストラウム③ 栗毛 ゼンノエルシド ミルファーム ミルファーム	斎藤誠 0.1.0.0 4-6-3-30 0 2 8 0 3650 ・・・・・・⑥・ 中1週 1 1 1 1	5阪⑦12・21阪神C GII18ト12 西芝内B1208北村友57 M35.5-34.4 ⑮⑭⑮外 グランアレグ1.4 540 18ト11人 栗坂 52.6 38.2 12.3	1阪②3・1阪急杯GIII18ト6 西芝内A1205松若56 M35.4-33.9 ⑭⑬⑬内 ベストアクタ0.2 546 10ト15人 栗坂 54.5 39.8 12.3
2 黒	3	(63.5)62.4 ：：：◎：：： 35.2	野中 57 0002	スクリーンヒーロー 騸8 ミュゼエイリアン エールスタンス② 鹿毛 エルコンドルパサー 菊地祐司 社台ファーム	黒岩 0.0.0.1 3-1-2-23 1 2 1 0 2850 ⑮・・・・・☆・ 中7週 0 0 0 2	3新②10・6信越S L17ト7 西芝内A1217木幡初55 H34.5-35.4 ⑧④④内 アルーシャ0.4 484 1ト14人 南Wキリ	1中⑥1・18ニューL16ト16 芝外C1372野中57△ M36.1-37.5③④④④内 ジャンダルム1.4 496 1ト6人 南W 68.2 39.2 12.2
2 黒	4	(65.9)66.5 ○○▲△△△○ 6.4	吉田豊 57 初騎乗	ダイワメジャー 騸7 アストラエンブレム ブラックエンブレム④ 鹿毛 ウォーエンブレム 福島 シルクレーシング ノーザンF	小島茂 0.2.0.0 5-6-3-10 1 3 5 2 3400 ☆・・・③・・・ 中3週 1 0 0 1	5中⑥12・15ディセL16ト11 芝内A1486丸山57△ S38.2-35.6⑨⑧④⑤外 セダブリラン1.3 476 15ト6人 美坂 54.8 40.6 13.3	2京⑤2・15洛陽S L13ト3 芝外B1345池添56△ M35.4-35.2 ⑤③②中 ヴァルディゼ0.3 468 9ト8人 栗坂 54.9 38.9 12.3
3 赤	5	関西(59.2)62.9 ：：：：：：： 24.5	石川裕 56 初騎乗	ダイワメジャー 牡6 クライムメジャー クライウィズジョイ⓪ 栗毛 トニービン 福島 シルクレーシ レイクヴィラF	渡辺 0.0.0.0 5-4-3-12 1 1 7 0 2250 ・2カ月放牧・・ 中9週 0 0 0 1	5阪⑥12・15元町3勝14ト12 芝外A1344ムーア57 M36.0-35.2 ⑤⑤⑨内 モズダディー1.4 528 1ト11人 CW 85.6 39.6 12.1	1京②1・6新春3勝11ト1 芝外A1368岩田康57 S37.9-33.9 ③③⑤内 (ユニコーンラ 532 2ト7人 栗坂 56.2 39.8 12.4
3 赤	6	B (66.7)66.8 △：：△：△△ 23.4	津村 56 0002	ハービンジャー 牡7 サーブルオール モンローブロンド④ 鹿毛 アドマイヤベガ キャロットF ノーザンファーム	萩原 0.0.0.1 5-3-1-9 0 2 6 0 2250 ・・・・・・・☆・ 中12週 0 0 0 0	5中⑥12・15ディセL16ト7 芝内A1481津村56 S38.4-34.7⑪⑪⑩⑦外 セダブリラン0.8 488 4ト4人 南W 64.0 39.2 12.9	3カ月休養 推定馬体498 馬体調整・放牧 本調子には今ひと息 9上1203 初戦①
4 青	7	(63.4)63.1 ：◎：：：：： 22.7	江田照 56 初騎乗	クロフネ 騸7 キャプテンペリー メイグレイス 栗毛 ネオユニヴァース 千明牧場 千明牧場	岩戸 1.0.0.1 5-3-2-23 0 2 5 1 2250 ⑬・・・⑨・・・ 中3週 1 1 1 4	1中⑥1・18ニューL16ト13 芝外C1367大野56 M36.8-36.2③④③④中 ジャンダルム0.9 508 12ト8人 南W 66.2 37.7 12.5	2京⑤2・15洛陽S L13ト9 芝外B1350国分恭54 M36.1-35.1 ⑩⑩⑨内 ヴァルディゼ0.8 504 4ト13人 南W 80.8 38.4 12.5
4 青	8	(63.8)63.9 ：：：：：：： 32.4	北村宏 57 0001	ダイワメジャー 牡7 ショウナンライズ ゴーカロライナ 栗毛 Rahy 国本哲秀 下河辺牧場	上原 0.0.0.1 6-3-4-19 2 6 1 0 3650 ⑤・・・・・・・・ 中7週 1 0 0 2	5阪⑦12・21阪神C GII18ト15 西芝内B1213藤岡康57 M34.6-35.6 ⑥⑤⑦中 グランアレグ1.9 464 7ト17人 南W 69.0 39.9 12.5	1中⑥1・18ニューL16ト5 芝外C1362内田博57 M36.0-36.7⑤③②④外 ジャンダルム0.4 472 10ト14人 南W 67.6 39.3 12.8
5 黄	9	関西(64.9)65.6 △：△：△△△ 8.2	石橋脩 56 0001	ダイワメジャー 牡6 ボンセルヴィーソ バイモユリ① 栗毛 サクラローレル 中京 名古屋友豊 白井牧場	池添学 0.0.0.1 3-3-6-14 2 3 1 0 2450 ・2カ月放牧・・ 中8週 0 0 0 0	1京①1・5京金杯GIII18ト3 芝外A1344太宰54 M35.1-35.3 ②②②内 サウンドキア0.4 478 7ト14人 栗坂 53.3 38.7 12.3	1京③1・11淀短S L13ト5 芝内A1099太宰56▲ M35.3-34.6 ⑧⑧内 アイラブテー0.3 478 4ト5人 速闘中間軽め
5 黄	10	(64.7)63.8 ：：：：：：： 17.0	ミナリク 56 初騎乗	ディープスカイ 牡8 イレイション フェリシタス 栗毛 キングズベスト ゴドルフィン ダーレーJF	池上和 0.0.1.0 5-6-4-9 1 5 5 0 2450 ・2カ月半休養・ 中9週 0 1 1 0	1中①1・5中金杯GIII17ト17 芝内C2010北村宏55C M37.5-36.8⑥⑤⑤⑥外 トリオンフ1.5 502 13ト13人 南W 55.6 39.3 13.4	馬体調整・放牧 仕上がり上々 初戦③着 推定馬体506 中9週以上1214
6 緑	11	(63.4)64.4 △△△：：：△ 9.9	木幡巧 55 1003	マンハッタンカフェ 牝5 ハーレムライン マクリス③ 鹿毛 グルームダンサー 吉田千津 社台ファーム	田中清 0.0.1.0 4-1-2-13 0 3 2 0 3300 ⑥・・・⑥・・・ 中3週 1 0 1 4	1中⑥1・18ニューL16ト6 芝外C1362木幡巧55 M35.8-36.8①①②①内 ジャンダルム0.4 472 4ト10人 美坂 62.6 45.9 14.4	2京⑤2・15洛陽S L13ト6 芝外B1348坂井瑠53△ M35.2-35.3 ②③④内 ヴァルディゼ0.6 462 6ト9人 美坂 56.1 40.2 12.3
6 緑	12	関西(64.0)65.7 ◎▲○○▲▲◉ 3.7	藤井 58 1012	キトゥンズジョイ 牡5 (外)ジャンダルム ビリーヴ 黒鹿 サンデーサイレンス 前田幸治 ノースヒルズ	池江寿 0.0.0.0 3-1-2-7 0 1 3 0 5100 ①・・・・・・・・ 中7週 0 0 0 0	4東⑥10・19富士S GIII18ト18 芝A1345藤井56△ S35.4-35.2 ⑥⑤⑤中 ノームコア1.5 508 13ト9人 CW 85.0 39.4 11.9	1中⑥1・18ニューL16ト1 芝外C1358藤井57△ M36.1-36.2⑤⑦④②内 0.1シャイニービ 506 5ト3人 栗坂 51.9 37.4 12.0
7 橙	13	(62.0)62.9 ：：：：：：： 31.1	ヒューイ 56 初騎乗	ドーンアプローチ 騸5 ファストアプローチ ジョリージョコンド 栗毛 Marju 山本英俊 ノーザンファーム	藤沢和 0.0.0.0 3-3-0-9 2 3 1 0 2500 ・・・・⑩・・・ 中3週 0 1 0 2	2新⑥8・11関屋記GIII17ト 左前捻跖 のため出走取消 美坂 54.6 39.4 12.7	2京⑤2・15洛陽S L13ト10 芝外B1351木幡育54 M34.9-36.0 ①①①内 ヴァルディゼ0.9 552 12ト10人 南W 67.8 38.8 12.9
7 橙	14	関西(64.3)64.8 ：△△：△△： 10.9	丸山 56 0010	カンパニー 牡8 (地)シャイニービーム クリスタルコースト① 鹿毛 サンデーサイレンス 小林昌志 雅牧場	羽月 0.0.0.0 4-2-6-27 0 4 2 0 2265 ②・・・・・・☆・ 中7週 0 0 0 2	5阪③12・7リゲルL16ト12 芝外A1343小牧太56△ M35.0-35.6 ③⑤⑤内 ストロングタ1.0 460 5ト8人 栗坂 51.6 37.5 13.1	1中⑥1・18ニューL16ト2 芝外C1359Mデムーロ56△ M36.5-35.7⑨⑩⑪⑫外 ジャンダルム0.1 460 13ト9人 栗坂 52.7 38.0 13.1
8 桃	15	関西(64.5)65.1 ：：：：：△： 16.6	大野 56 初騎乗	ディープインパクト 牡5 エントシャイデン ルシュクル③ 芦毛 サクラバクシンオー 前田幸治 ノースヒルズ	矢作 0.0.0.1 4-1-3-16 0 1 3 1 2500 ・・・・・・・・☆ 中9週 1 0 0 1	1京①1・5京金杯GIII18ト7 芝外A1350坂井瑠54△ M36.5-34.5 ⑭⑭⑱中 サウンドキア1.0 488 16ト13人 CW 85.0 38.9 12.7	2カ月半休養 推定馬体492 リフレッシュ・放牧 もうひと追い欲しい 9上1013 初戦①
8 桃	16	関西(65.6)65.4 ▲：◎△◎：▲ 6.5	横山典 57 初騎乗	ディープインパクト 牡5 カツジ メリッサ⑥ 鹿毛 ホワイトマズル カナヤマHD 岡田スタッド	池添兼 1.0.0.0 2-1-1-7 0 1 1 1 3850 ・11カ月半休養・ 9週以上 0 0 0 0	3中③3・30ダ卿T GIII16ト11 芝外B1326松山57△ H36.3-33.9⑭⑮⑮⑬外 フィアーノロ0.9 490 11ト9人 CW 82.3 37.4 11.6	馬体調整・放牧 仕上がり良好 初戦①着 推定馬体494 中9週以上0002

2020.3.15　中山10R　東風S　芝1600m

着順	馬名	性齢	騎手	人気
1	②ストーミーシー	牡7	横山武	4
2	④アストラエンブレム	セ7	吉田豊	2
3	⑥サーブルオール	牡7	津村	8

3連複②④⑥11,050円

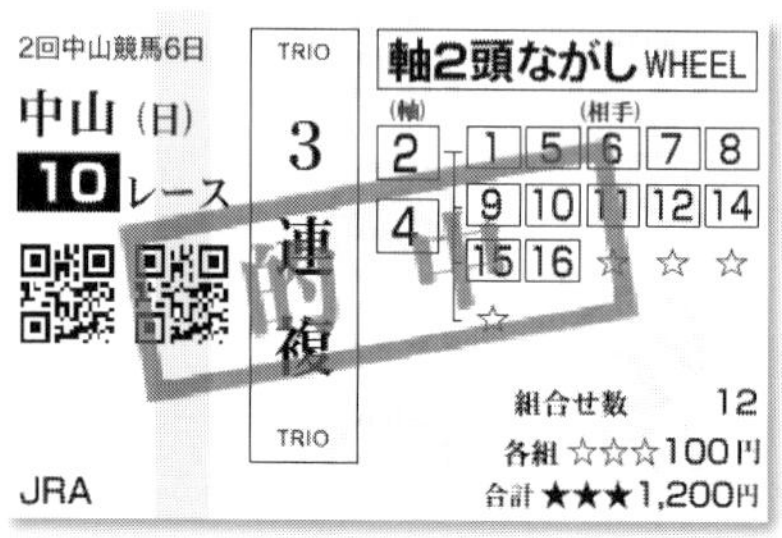

率は29・6%。不良馬場だと26・2%まで落ちている（次ページ参照）。馬場が悪化すると能力だけでは通用しなくなるので、人気馬の信頼度が下がるというわけである。ちなみに、ダートだと不良での勝率が28・0%と下がっている。

稍重とはいえ回復過程という事、さらにそもそも1番人気のオッズが3・2倍と押し出された人気である事。この2つを考えるとそこまで信頼できるとは言えない状況だろう。ここで重馬場でも実績のあった人気馬のストーミーシー、アストラエンブレムの2頭に絞って購入してみた。結果はその2頭が見事1、2着に好走してくれ、3着には8番人気のサーブルオールが入線。3連複は11050円の万馬券となった。

「人気馬2頭+人気薄1頭」システムは色々な

1番人気の馬場状態別成績

馬場	1着数	2着数	3着数	4着数	5着数	着外数	総レース数	勝率	連対率	複勝率
芝・良	2032	1104	772	515	410	1235	6068	33.5%	51.7%	64.4%
芝・稍重	390	218	157	105	56	269	1195	32.6%	50.9%	64.0%
芝・重	138	91	46	41	31	119	466	29.6%	49.1%	59.0%
芝・不良	33	27	16	12	11	27	126	26.2%	47.6%	60.3%
ダ・良	1450	872	613	390	264	983	4572	31.7%	50.8%	64.2%
ダ・稍重	604	364	239	154	120	322	1803	33.5%	53.7%	66.9%
ダ・重	295	153	117	73	53	200	891	33.1%	50.3%	63.4%
ダ・不良	148	85	83	34	43	135	528	28.0%	44.1%	59.8%

状況によって組み立てることが可能。そのまま購入しても良し、少しアレンジを加えて人気馬のところを絞っても良し。特に1番人気が必ずしも信頼できるという状況ではないのなら、思い切って1番人気が来ないことに賭けるのも一つの手だ。

1番人気が飛びそうなレースがわかれば高配当のチャンス！

では、次は1番人気が馬券圏外になるとどうなるのか？について解説していこう。取り上げるのは天王山ステークス。中央で貴重なダート短距離のオープンクラスのレースだ。

【2020年5月2日　京都11R　天王山ステークス】

1番人気はホウショウナウ。単勝オッズは

2・7倍と抜けた評価と言える分水嶺の2・4倍をやや上回る数値。軽視できるほかの要素があれば軽視しても良く、仮になければ押さえておくべきという水準と言える。

ここは1番人気が飛ぶ可能性もある、という状況。ではここで1番人気が馬券圏外となるとどうなるかだが、やはりシンプルに平均配当が跳ね上がるという事が言える。「人気馬2頭＋人気薄1頭」の人気馬2頭が2〜4番人気であるというケースは発生確率が14・9％。2章のデータを使って例えるなら、馬単で「人気薄→人気馬」となる場合が17・3％、そして3連単だと「人気馬→人気薄→人気馬」となる場合が15・8％となる。1番人気が馬券圏外になる確率は人気薄の馬が1着、あるいは2着になる場合と同じくらいと言える。

発生確率としては決して高くはなく、やはり1番人気の精度の高さを改めて感じる結果となったが、もし飛ぶ可能性もありそうと感じた場合は積極的に馬券参加したい。なぜなら、この場合の平均獲得配当は14712円。つまり1番人気が馬券対象外となればほぼ万馬券になるという事である。狙わない手はないだろう。

さて、では再び天王山ステークスへ戻ろう。このレースの1番人気はホウショウナウ。すでに述べているようにオッズは2・7倍と1番人気としては黄色信号だ。この時点で馬券圏外になればおいしいと食指が動くレース。より深く掘り下げていくと、3番人気サクセスエナジーは2走前に地方交流重賞の黒船賞で3着に好走。他にも重賞戦線で活躍している。また、4番人気シュウジも5走前のカペラステークスで3着に好走。重賞実績のある馬が3、4番人気と

2020年5月2日　京都11R　天王山ステークス

枠	馬番	印	騎手	馬名	厩舎・成績	前走	前々走
1白	1	(63.7)63.7 : : : : : : : : 45.8 ←	池添 56 5239	キンシャサノキセキ 牡8 メイショウワダイコ フミノオリヒメ① 松本好雄 グラスワンダー 多田善弘	池添兼 0.0.0.2 5-2-5-21 4 3 0 0 2250 ・・⑭・・・・・	5京⑧11・24 オーS 16ト15 ダ1132 池添57 M35.4-37.8 7 8 7 外 スズカコーズ2.9 534 14ト11	2中⑧3・21 千葉S 16ト14 ダ1115 横山和53 H36.0-35.5 16 16 16 ジャスティン1.8 530 1ト16
1白	2	関東 (67.2)67.4 △ : △ : : : △ 15.2 ←	横山典 54 1012	ワークフォース 牝6 ハットラブ ミルルーテウス① 服部邦繁 アグネスタキオン 社台F	菊沢 0.0.0.1 5-3-2-9 0 1 6 1 2100 ・・⑦・・・☆☆	1中⑦1・19 ジャS 16ト2 ダ1104 菊沢54 H34.8-35.6 11 11 11 内 ヨシオ0.1 486 1ト10	2中⑧3・21 千葉S 16ト7 ダ1106 菊沢53 △ H35.8-34.8 15 15 14 中 ジャスティン0.9 486 6ト7
2黒	3	(66.3)65.7 : : : : : : : : 22.6 ←	Mデムーロ 57 初騎乗	ヨハネスブルグ 牡7 ヨシオ フローラルホーム 岩見裕輔 ケイムホーム 日本中央競馬会	森 0.0.1.7 6-4-11-42 5 2 3 0 3710 ・・⑧・・・⑯・	2中⑧3・21 千葉S 16ト8 ダ1109 ヒューイ56 H35.1-35.8 10 12 12 ジャスティン1.2 488 5ト9	3中⑧4・19 京葉S(L)16ト16 ダ1102 松山57 H33.9-36.3 8 9 9 内 ヒロシゲゴー1.0 484 5ト9
2黒	4	(65.8)64.2 : : : : : : : : ☆ ←	藤井 56 0010	ステイゴールド 牡6 フュージョンロック シャピーラ 金子真人HD Kornado 社台ファーム	須貝尚 0.1.0.2 4-7-2-11 5 6 0 0 2200 ☆①・・⑭⑮・・	2阪③4・4 コーS(L)16ト14 ダ1251 岩田康54 H34.6-38.8 3 3 3 中 レッドルゼル2.6 498 16ト7	1福②4・12 吾妻小 15ト15 ダ1489 柴山54 C△ M36.0-42.0 1 1 2 7 ダンツゴウユ4.1 498 4ト10
3赤	5	(66.3)65.2 : : : : : : : : 38.2 ←	松田 56 初騎乗	カジノドライヴ 牡7 ヒロブレイブ スズノメガミ⓪ 石川博 ワイルドラッシュ 小河豊水	川村 2.0.2.7 5-2-8-29 0 0 2 5 2250 ・⑧・⑪☆⑪・・	1中京⑦3・28 名鉄杯 14ト11 ダ1246 藤井57 M37.4-35.3 11 11 11 外 ダイメイフジ1.5 492 9ト13	1福②4・12 吾妻小 15ト11 ダ1471 荻野極53 M38.9-37.8 15 15 15 15 ダンツゴウユ2.3 488 3ト14
3赤	6	(69.7)70.1 ◎△○○◎○◉ 3.4 ←	武豊 57 0010	ゴールドアリュール 牡5 ホウショウナウ ホウショウルビー④ 芳賀美知子 デザートキング 新井昭二	河内 1.0.1.2 5-1-3-2 0 2 3 1 3600 ・③・・・・③・	1阪⑤3・14 ポラS 16ト3 ダ1231 松山57 H35.3-36.2 11 11 11 内 スマートダン0.6 522 14ト4	3中⑧4・19 京葉S(L)16ト3 ダ1095 武豊57 ▲ H34.0-35.5 10 10 10 外 ヒロシゲゴー0.3 518 2ト4
4青	7	(66.2)66.1 △△ : △△△△ 10.1 ←	幸 54 2122	キンシャサノキセキ 牝4 ヴァニラアイス アジダート⓪ 有ヒダカファーム タイキシャトル ヒダカファ	高柳大 0.0.0.2 3-2-3-5 2 1 2 0 1900 ☆⑤・・・・⑮・	1阪⑤3・14 ポラS 16ト5 ダ1232 幸 54C○ H34.5-37.0 2 2 2 内 スマートダン0.7 456 13ト2	3中⑧4・19 京葉S(L)16ト15 ダ1102 Mデムーロ54C○ H33.2-37.0 4 4 3 中 ヒロシゲゴー1.0 448 16ト5
4青	8	(66.9)65.6 : : : : : ◎ : 21.1 ←	岩田望 56 初騎乗	ヘニーヒューズ 牡5 バイラ コウエイテンプウ② 有ケーエス デヒア 小泉牧場	川村 0.0.1.3 3-2-4-17 0 2 2 1 1900 ・・・⑫☆・・・	2京⑧2・23 大和S 16ト5 ダ1101 国分恭54 ▲ H35.0-35.1 10 10 10 外 スズカコーズ0.3 512 8ト5	1中京⑦3・28 名鉄杯 14ト12 ダ1246 吉田隼56 △ M36.7-36.1 7 7 7 内 ダイメイフジ1.5 510 7ト7
5黄	9	(68.4)69.1 ○○△◎○△○ 4.9 ←	酒井学 58 6229	スズカコーズウェイ 牡6 スズカコーズライン ヴェスタ 永井啓弐 Fortunate Prospect グラン	木原 2.0.0.1 7-2-2-15 6 3 0 0 4650 ・2カ月放牧・・	1京⑤1・13 すばる(L)14ト7 ダ1253 酒井学57C◎ H35.3-37.4 2 2 2 内 ダノンフェイ0.7 518 13ト2	2京⑧2・23 大和S 16ト1 ダ1098 酒井学56 C△ H33.8-36.0 2 2 1 内 ベビデノヴィー 524 9ト6
5黄	10	(67.6)68.8 △★▲△△ : △ 13.3 ←	ルメール 59 0001	キンシャサノキセキ 牡7 シュウジ カストリア 安原浩司 Kingmambo 浜本牧場	須貝尚 0.0.0.1 5-4-5-22 4 3 2 0 5375 ・・③・・・⑤・	2中⑧3・21 千葉S 16ト3 ダ1104 三浦55 ○ H34.5-35.9 6 6 4 中 ジャスティン0.7 506 12ト3	3中⑧4・19 京葉S(L)16ト5 ダ1096 ルメール59 H33.7-35.9 8 8 7 外 ヒロシゲゴー0.4 504 14ト2
6緑	11	(68.5)67.7 : : : △ : △ : 19.4 ←	松若 57 0103	パイロ 牡6 タテヤマ サンフィールド① 小島將之 フジキセキ 山田政宏	渡辺 1.3.0.2 6-5-1-16 1 2 7 1 3650 ・・・・⑮・・・	1京5 1・13 すばる(L) 左前挫跖 のため枠順発表前取消	2阪③4・4 コーS(L)16ト15 ダ1257 幸 56 H34.7-39.4 4 3 5 レッドルゼル3.2 476 2ト12
6緑	12	関東 (63.6)65.0 : : : : : : : : 20.8 ←	浜中 56 初騎乗	キンシャサノキセキ 騸5 ルッジェーロ シルヴァーカップ 村木隆 Almutawakel 社台ファーム	鹿戸雄 1.0.1.0 4-0-3-14 0 2 2 0 2400 ・・・・①・・・	5中⑧12・22 フェ3勝16ト4 ダ1103 福永57C H33.7-36.6 8 7 8 外 ジャスパーブ0.5 518 9ト8	3中④4・5 春風3勝16ト1 ダ1105 三浦57C△ H34.1-36.4 5 7 7 外 ケンシスル 516 7ト4
7橙	13	(67.4)66.3 : : : : : : : : 30.4 ←	国分優 56 0024	カジノドライヴ 牡7 プレスティージオ スーリア① 奥裕嗣 ラストタイクーン 三木田牧場	大根田 0.1.0.4 5-3-2-19 4 4 0 0 2100 ☆・・・・⑭・・	3福⑥11・17 福民友(L)15ト2 ダ1455 柴山56 M36.8-37.9 2 2 1 1 内 マイネルユキ0.1 480 5ト12	1福②4・12 吾妻小 15ト14 ダ1482 国分優55 ◎ M36.3-40.7 4 4 5 12 中 ダンツゴウユ3.4 486 11ト3
7橙	14	(71.7)71.2 △▲△△▲△△ 7.9 ←	和田竜 59 2103	キンシャサノキセキ 牡6 サクセスエナジー サクセスアイニー⓪ 高嶋哲 ジャングルポケット タニグ	北出 1.0.1.4 8-4-2-11 2 7 3 0 5780 ③・・・②・・・	高知5 3・10 黒船賞 12ト3 ダ1281 松山58C M35.8-39.2 2 2 2 2 ラプタス0.8 533 5ト4	2阪③4・4 コーS(L)16ト2 ダ1226 和田竜 CO H34.4-36.5 2 2 2 内 レッドルゼル0.1 540 11ト4
8桃	15	(64.2)63.9 : : △ : : : : 43.3 ←	国分恭 56 1011	ゴールドアリュール 牡6 スナークライデン スナークヒロイン② 杉本豊 サクラバクシンオー 小泉牧場	川村 1.0.0.7 4-3-2-27 0 3 3 1 2200 ☆・①・・・⑪・	1阪⑨3・22 なに3勝16ト1 ダ1117 国分恭57 H35.8-35.9 13 2 1 ヘロンドンテソ 486 4ト6	3中⑧4・19 京葉S(L)16ト11 ダ1098 田辺56 H34.1-35.7 13 10 11 中 ヒロシゲゴー0.6 480 6ト11
8桃	16	(65.3)65.4 ▲◎◎▲△△▲ 4.8 ←	藤岡佑 55 0011	カイロプリンス 牝4 (外)モンペルデュ スパニッシュポスト 吉田和子 Flatter ブルウォーターセー	松永幹 2.0.0.2 5-0-1-3 5 0 0 0 3800 ・2カ月放牧・・	浦和❶11・4 JBCレJ 12ト ダ中止 戸崎54 ▲ H 一 帳 ヤマニンアン 472 1ト4	2京⑧2・23 大和S 16ト16 ダ1136 藤岡佑54 ○ H33.7-39.9 1 1 2 スズカコーズ3.8 478 1ト2

2020.5.2　京都11R　天王山S　ダ1200m

着順	馬名	性齢	騎手	人気
1	⑭サクセスエナジー	牡6	和田竜	3
2	⑩シュウジ	牡7	ルメール	4
3	⑦ヴァニラアイス	牝4	幸	5

3連複⑦⑩⑭8,640円

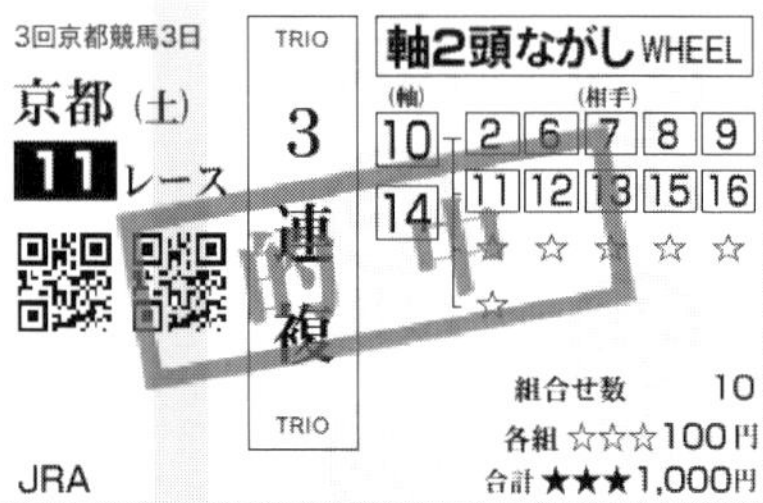

していた。もちろん、斤量を背負っているという事もあるが、重賞戦線では通用していない1番人気ホウショウナウと比べても実績では一枚抜けていた。また、2番人気スズカコーズラインもこの時点では重賞未経験でオープンクラスでも格下。

その読み通り、3番人気サクセスエナジーと4番人気シュウジが1、2着に好走。1番人気ホウショウナウは6着。2番人気スズカコーズラインは4着に敗れている。このレースは残念ながら人気薄ゾーンの中でも最も人気のある5番人気ヴァニラアイスが3着になってしまった。そのため配当が跳ねず、3連複は8640円と万馬券には届かず。それでも、3－4－5番人気の決着ならば高配当と言っても差し支えないだろう。もしこの中に1番人気が混じっていれば、おそらく配当は2000～3000円

1番人気が馬券対象外となった場合の成績

条件	発生確率	平均買い目数	平均獲得配当	配当レンジ(最多シェア)
全体	49.7%	60.8点	8,751円	10,000～99,999円
人気馬が1番人気以外	14.9%	30.4点	14,712円	10,000～99,999円

程度だったと思われる。購入金額次第ではトリガミの可能性もあるだろう。それだけ1番人気が馬券対象外になることは配当面で大きく貢献してくれるのだ。

1番人気は予想をするうえでとても頼りになる指標だが、どんな状況でも信頼するのは危険。そして、1番人気が馬券対象外となれば配当面での貢献が大きいため、怪しい1番人気がいるようなレースは特に積極的に馬券参戦することをおススメしたい。

リスクは上がるがその分リターンも上がるハンデ戦！

【2019年6月8日　東京11R　多摩川ステークス】

東京で行われる多摩川ステークスは3勝クラ

スのハンデ戦。ハンデ戦と言えば、おそらく「荒れるレース」というイメージを持たれる方も多いだろう。

実際にその印象通り、ハンデ戦は荒れやすい。1章や2章で紹介した組み合わせ発生確率を見てみると、「人気馬3頭」の組み合わせの発生確率は全体だと21・5％だったのだが、ハンデ戦になると14・2％と10％ほど低下しているのがわかる。そして、本書で提唱している「人気馬2頭＋人気薄1頭」の組み合わせの発生確率も全体で49・7％に対して、ハンデ戦に限定すると45・3％とわずかではあるが低下しているのだ。やはり人気馬の好走率が低くなるので、過半数を占める「人気馬3頭」や「人気馬2頭＋人気薄1頭」の組み合わせは発生確率が下がっている。その分、「人気馬1頭＋人気薄2頭」の組み合わせの発生確率は全体の25・6％から34・3％へと10％ほど上昇。「人気薄3頭」の組み合わせの発生確率も3・3％から6・3％へと上昇している。

しかし、それでもまだ「人気馬2頭＋人気薄1頭」の組み合わせは45・3％とおよそ2回に1回はこの組み合わせで決着している。まだまだこのシステムの優位性はゆるぎないという事だ。ハンデ戦でも安心して狙ってよい。

組み合わせ発生確率（全体とハンデ）

条件	組み合わせ	発生確率
全体	人気馬3頭	21.5%
	人気馬2頭＋人気薄1頭	49.7%
	人気馬1頭＋人気薄2頭	25.6%
	人気薄3頭	3.3%
ハンデ戦	人気馬3頭	14.2%
	人気馬2頭＋人気薄1頭	45.3%
	人気馬1頭＋人気薄2頭	34.3%
	人気薄3頭	6.3%

2019年6月8日　東京11R　多摩川ステークス

枠	馬番	印・オッズ	騎手・斤量	馬名・血統	厩舎・成績	前々走	前走
1白	1	関西(60.6)61.8 ◎ 12.9	丸山 53 初騎乗	ディープブリランテ 牝5 アバルラータ ホーリーミスト① 鹿毛 エルコンドルパサー 安原浩司 岡田牧場	鮫島(栗)1.0.0.0 3-6-4-6 0 0 9 0 1300 ・③・・①・・・ 中3週 1012	2東①4・20 牝1000万12ト 3 芝A1207 川田55 ○ M35.4-33.8 7 7 中 ダノンディー0.2 448 3 4 栗坂 57.3 41.1 13.1	2東⑧5・12 1000万下 7ト 1 芝B1326 川田55 ○ M35.5-33.5 4 4 4 内 0.2オーヴォドー 454 1 1 栗坂 54.0 39.4 12.4
	2	関西(61.6)62.4 29.6	三浦 55 初騎乗	ディープインパクト 牡6 エルプシャフト ビワハイジ④ 青鹿 Caerleon サンデーR ノーザンファーム	角居(栗)0.0.0.0 4-3-3-8 0 0 7 0 1550 ・2カ月放牧・・ 中8週 0000	2阪①3・23 天神1000 12ト 3 外A1339 川田55 △ S36.2-34.2 3 5 4 中 エアアルマス0.6 460 8 3 CW 83.5 37.4 12.0	2阪⑤4・6 丹波1000 10ト 1 外B1338 浜中57 △ S36.4-33.6 5 5 5 内 エクレアスパ 458 5 5 栗坂 56.0 41.3 12.7
2黒	3	(63.0)63.2 △△▲▲▲△△ 6.9	ルメール 54 1001	ディープブリランテ 牝5 リカビトス エンシェントヒル⑦ 鹿毛 エンドスウィープ キャロットF ノーザンファーム	奥村武(南)0.0.0.1 4-3-0-6 0 0 4 3 1350 ・・・⑧・・・・ 中4週 0001	1阪⑤3・9 うずし1600 11ト 6 外A1346 浜中55 ○ S37.0-34.4 10 10 10 外 メイショウオ0.4 436 3 1 美坂 54.4 39.6 13.2	2東⑥5・5 湘南1600 17ト 8 芝A1331 ルメール55 ◎ S36.0-33.6 15 12 14 外 アンノートル0.5 434 5 1 美坂 54.7 39.7 13.4
	4	B 関西(61.9)63.0 19.5	柴山 56 0010	モンテロッソ 牡4 ラセット ナンヨーサフラウア⓪ 鹿毛 アグネスタキオン 桂土地(株) 三好牧場	庄野(栗)0.0.0.0 3-2-3-4 0 0 4 1 1500 ・・・・④・・・ 中3週 2210	1阪④3・3 武庫1600 12ト 6 外A1342 藤岡佑56 △ S37.1-33.4 10 10 10 内 コスモイグナ0.9 486 11 3 CW 70.0 40.8 12.6	3京⑧5・12 錦S 1600 10ト 4 外D1319 藤岡佑56B △ M35.7-33.8 9 9 6 外 オールフォー0.3 490 9 6 CW 82.7 37.1 12.0
3赤	5	(60.3)62.0 ◎ 30.2	丹内 53 2102	ステイゴールド 牝6 ペルソナリテ マイネアルデュール③ 鹿毛 アドマイヤコジーン ラフィアン ビッグレッドF	相沢(南)0.0.0.0 3-3-4-27 0 0 4 2 1200 ・④・・・・・・ 中6週 0002	1阪⑤3・9 うずし1600 11ト 9 外A1349 幸55 △ S36.0-35.4 5 4 3 中 メイショウオ0.7 428 11 9 南W 69.7 39.4 13.4	1福⑤4・20 福牝S G3 10ト 4 芝B1487 丹内54 △ S38.3-34.2 9 9 9 9 内 デンコウアン0.6 416 7 9 南W 67.4 38.6 12.6
	6	関西(61.9)63.7 ◎ △ ◉ 7.8	石川裕 53 初騎乗	マンハッタンカフェ 牝4 アシュリン アンティックドール① 青鹿 Fusaichi Pegasus 吉田和美 前川正美	松永幹(栗)0.1.0.0 3-2-1-2 0 3 2 0 1500 ・・・・③・・・ 中3週 0000	1中⑥1・19 初富1600 14ト 6 外C1489 Mデムー54 ○ S37.9-34.5 3 3 4 4 内 レッドローゼ0.3 454 5 2 栗坂 53.9 38.9 12.2	3京⑧5・12 錦S 1600 10ト 3 外D1317 藤岡康53 ▲ M35.1-33.9 4 4 4 外 オールフォー0.1 468 1 4 栗坂 53.5 38.9 12.7
4青	7	(62.5)61.2 △ 24.1	津村 56 初騎乗	ローズキングダム 牡4 アンブロジオ アンティフォナ① 栗毛 Songandaprayer 福島 (有)シルクレーシング 白老F	菊沢(南)0.0.0.0 3-4-0-5 0 4 3 0 1500 ・2カ月放牧・・ 中8週 0200	1東⑤2・11 雲雀1600 13ト 10 芝D1215 横山典57 ○ S36.7-33.5 7 7 外 キャナルスト0.8 468 3 3 南W 54.1 39.7 12.7	2阪⑥4・7 大ハ1600 12ト 11 芝B1213 石橋脩57 △ H34.8-35.6 8 8 8 外 トゥザクラウ0.8 460 7 8 南P 66.3 39.7 12.4
	8	(63.7)63.6 △△△△ ▲△ 9.9	戸崎 54 1011	ハーツクライ 牝4 ミュージアムヒル ロレットチャペル⓪ 鹿毛 フレンチデピュティ 吉田勝己 ノーザンファーム	古賀慎(南)0.0.1.0 3-5-1-3 0 1 7 0 1500 ・・・⑦・・・・ 中4週 1000	1阪⑤3・9 うずし1600 11ト 4 外A1344 武豊55 ○ S37.3-34.1 11 11 10 外 メイショウオ0.2 476 8 4 南W 66.5 38.0 12.7	2東⑥5・5 湘南1600 17ト 7 芝A1330 戸崎55 △ S35.7-34.1 8 6 6 内 アンノートル0.4 476 13 2 南W 66.9 38.2 12.6
5黄	9	(62.4)62.5 △ 23.8	柴田善 54 1103	ディープインパクト 牝4 トーセンブレス ブルーミンバー⑦ 黒鹿 ファルブラヴ 福島 島川隆哉 社台ファーム	加藤征(北)0.0.0.0 1-1-1-7 0 0 1 1 1100 ⑦・・・・・・・ 中7週 0000	2中⑧3・17 幕張1600 10ト 3 外A1338 ミナリク55 ▲ S37.1-34.1 10 9 9 8 外 ショウナンラ0.2 472 3 5 南W 51.2 37.4 13.0	3中⑧4・14 春興1600 16ト 7 外B1340 Mデムー54 ◎ S37.2-33.6 14 12 12 11 外 イレイション0.3 470 11 3 南W 52.9 38.7 12.4
	10	(60.3)61.1 △ △△△△△ 12.4	Mデムーロ 55 1000	ディープインパクト 牡6 サトノキングダム ダリシア 鹿毛 Acatenango (株)サトミホース 社台F	国枝(北)0.0.0.0 4-6-3-5 0 1 7 2 1550 ・6カ月半休養・ 6・9月休養 0100	5東⑧11・25 オリ1000 14ト 1 芝C1447 Mデムー56 ○ S36.1-33.8 2 3 3 3 内 0.2ステイオンザ 466 10 2 南W 83.8 39.3 13.0	馬体調整・放牧 仕上がりマズマズ 初戦①着 推定馬体470 中9週以上 1311
6緑	11	(62.5)61.6 △ 30.6	松岡 52 1003	ベーカバド 牝4 エスターテ トウカイメガミ⓪ 鹿毛 サンデーサイレンス グリーンスウォード 長浜牧場	伊藤伸(南)0.1.0.0 3-4-1-7 0 3 4 0 1500 ・・・・・⑥・・ 中2週 1101	1東⑤2・11 雲雀1600 13ト 3 芝D1210 蛯名52 △ S37.0-32.8 10 9 内 キャナルスト0.3 426 1 9 連闘中間軽目	2東⑩5・19 フリ1600 9ト 6 芝B1211 松岡55 △ S36.1-33.5 3 3 外 トミケンキル0.4 422 6 6 南W 50.6 37.8 12.0
	12	関西(64.1)64.8 ○○○○◎○○ 4.1	横山典 56 初騎乗	メイショウボーラー 牡4 メイショウオーパス マンハッタンミート① 黒鹿 マンハッタンカフェ 松本好雄 高昭牧場	飯田祐(栗)0.0.0.0 3-4-2-8 2 1 2 2 1500 ②・・・②・・・ 中3週 0200	2阪⑧4・14 難波1600 12ト 2 外B1472 幸57 ▲ S37.3-33.6 11 11 10 外 テリトーリアル 496 7 4 栗坂 55.8 39.3 12.2	3京⑧5・12 錦S 1600 10ト 2 外D1316 幸56 ○ M36.1-33.2 10 10 10 内 オールフォーヴ 500 3 3 栗坂 54.4 38.5 11.9
	13	(54.9)59.6 △△△△○△△ 12.5	レーン 56 初騎乗	スクリーンヒーロー 牡4 ルーカス メジロフランシス⓪ 鹿毛 カーネギー 福島 (有)シルクレーシング 戸川牧場	堀(北)0.0.0.0 1-1-0-4 0 0 2 0 1050 ・2カ月半休養・ 中10週 0001	3中②3・24 美浦1600 10ト 4 内A2005 石橋脩57 ▲ M37.5-35.6 7 7 8 8 外 クレッシェン0.3 510 4 5 南W 54.1 39.5 13.3	馬体調整・放牧 仕上がり上々 初戦①着 推定馬体502 中9週以上 0102
7橙	14	(62.5)61.6 47.5	横山和 55 1224	ハーツクライ 牡8 チャンピオンルパン マイマスタートップ① 鹿毛 ウォーニング 坪野谷和平 榊原光子	勢司(南)0.0.0.2 4-2-5-20 0 1 4 1 1550 ⑧・・⑩・・・・ 中4週 0010	3中⑧4・14 春興1600 16ト 8 外B1341 三浦55 S36.7-34.0 7 7 7 7 内 イレイション0.4 492 12 12 美坂 54.0 38.8 12.1	2東⑥5・5 湘南1600 17ト 10 芝A1333 三浦57 S36.0-33.8 12 12 14 内 アンノートル0.7 494 6 15 美坂 53.3 38.6 12.6
	15	B 関西(64.0)63.9 △ △△△ 22.1	石橋脩 55 初騎乗	キングカメハメハ 牡6 バティスティーニ バプティスタ③ 鹿毛 サンデーサイレンス サンデーR ノーザンファーム	池添学(栗)0.0.0.1 4-3-3-9 1 0 6 0 1550 ③・・⑤・・・・ 中4週 1000	2阪⑧4・14 難波1600 12ト 3 外B1474 北村友57B S36.9-34.1 8 7 8 中 テリトーリア0.2 492 5 8 栗坂 53.5 38.9 12.6	2東⑥5・5 湘南1600 17ト 5 芝A1329 北村友57B S35.6-34.0 6 6 6 外 アンノートル0.3 488 14 13 栗坂 54.3 40.1 13.2
	16	(59.2)57.6 38.5	内田博 54 初騎乗	アドマイヤムーン 牡6 レオナルド リオズスターレット 鹿毛 Galileo ゴドルフィン ダーレーJF	黒岩(南)0.0.0.2 4-1-2-5 0 1 4 0 1550 ・11カ月半休養・ 9カ月以上 0100	3阪⑦6・23 垂水1600 9ト 8 外B1513 ルメール57 △ S38.6-36.0 9 9 9 外 キョウヘイ1.4 440 6 5 CW 54.7 40.4 12.6	馬体調整・転厩放牧 乗り込み十分 初戦③着 推定馬体450 中9週以上 2101
8桃	17	関西(58.8)61.6 ▲◎◎△ △▲ 5.7	松山 55 1000	ディープインパクト 牡4 トライン マルケサ 鹿毛 Kingmambo 大野照旺 タイヘイ牧場	浜田(栗)0.0.0.0 3-0-0-5 1 0 1 1 1500 ・・・①・・・・ 中4週 0001	1阪①2・23 1000万下 11ト 6 外A1350 藤岡佑57 △ S38.4-33.5 11 11 8 外 メイショウオ0.5 454 7 6 栗坂 53.7 38.4 12.2	3京⑥5・5 1000万下 9ト 1 外C1326 松山57 △ S36.3-33.2 6 6 6 外 0.6ウインシャト 458 9 1 栗坂 56.1 40.4 12.6
	18	(60.7)59.7 △ △ [illegible]	木幡育 56 [illegible]	ドーンアプローチ 騸4 ファストアプローチ ジョリージョコンド 栗毛 Marju [illegible]	藤沢和(北)0.0.0.0 2-3-0-7 1 3 1 0 1600 ・・・・・・⑦・ [illegible]	1東⑧2・17 1000万下 9ト 1 芝D2009 ルメール56 ▲ S37.4-34.4 2 1 1 1 内 0.1トラストケン 544 3 2 [illegible]	2東⑫5・26 むら1600 10ト 7 芝C1452 福永56 △ S35.6-34.9 3 2 2 2 内 ブランツ0.8 542 10 6 [illegible]

2020.6.8　東京11R　多摩川S　芝1600m

着順	馬名	性齢	騎手	人気
1	⑱ファストアプローチ	セ4	木幡育	16
2	⑩サトノキングダム	牡6	M.デムーロ	1
3	⑰トライン	牡4	松山	3

3連複⑩⑰⑱78,320円

万馬券的中証明書

[redacted]様

2019年06月08日
JRA日本中央競馬会

あなたは下記の万馬券を的中させましたので
ここに証明いたします。

記

2019年　3回東京3日　11R
3連複 10－17－18　100円購入
払戻金単価　@78,320円
払戻金合計　78,320円

むしろここはハンデ戦の最大の魅力を享受するほうがいいだろう。その最大の魅力とは荒れやすいという事。つまり高配当が狙えるという事である。

「人気馬2頭+人気薄1頭」で決着した場合、平均配当は全体が8751円に対してハンデ戦に限定すると10751円となっている。つまり的中さえすれば、ほぼ万馬券になるという事だ。高配当を狙いたいという方はむしろ積極的にハンデ戦を狙っていただきたい。

では、話を2019年の多摩川ステークスに戻そう。

1番人気はサトノキングダムだが5・5倍。早くも荒れる匂いがプンプンしている。そして2番人気にはメイショウオーパス、3番人気トライン、4番人気ミュージアムヒルと続く。1番人気のオッズが5・5倍と信頼できる数値で

人気馬2頭+人気薄1頭の3連複詳細

条件	発生確率	平均買い目数	平均獲得配当	配当レンジ(最多シェア)
全体	49.7%	60.8点	8,751円	10,000〜99,999円
ハンデ戦	45.3%	60.9点	10,751円	10,000〜99,999円

はなく、ここは変に絞る必要もないだろう。18頭立てのため最大の組み合わせとなる84点が必要になるが、それでも当たれば万馬券はほぼ確実なのだ。

結果は1着になんと16番人気のファストアプローチが入線。かつて重賞でも善戦していた馬でここまで人気を落としているのは意外だったが、この人気でも勝利できる可能性があるのがハンデ戦である。2着には1番人気のサトノキングダム、3着には3番人気のトラインが入線して「人気馬2頭+人気薄1頭」による決着。3連複は78320円の高配当となった。ハンデ戦の魅力を最大限に受けた一戦となった。

情報の少ない新馬戦こそ「人気馬2頭+人気薄1頭」で!

【2019年11月16日　京都6R　2歳新馬】

競馬予想をするうえで最も悩ましいのは新馬戦ではないだろうか。少なくとも筆者はそう思っている。何せヒントが少ない。使えるデータとしたら血統、調教、あとは生産者や騎手、調教師から本気度を探る、と言ったところだろうか。差別化することが難しく、似通った予想になりやすいのが新馬戦だ。

ただ、新馬戦は人気に素直という傾向がある。基本的に新馬で1番人気に支持されるような馬は血統や調教などで評価された馬。そして新馬戦はとりあえず使われる馬、一度使って様子や適性を見極める馬などがおり、人気の上位と下位では差が大きいという傾向がある。

しかしその一方で、突如ノーマークの馬の激走にあったりするケースも多々ある。走らせてみないとわからない分、レースに出走して思ったより走ったという場合も往々にしてありうるのだ。

人気馬が堅実で、人気薄の激走も起こりうる。これは「人気馬2頭＋人気薄1頭」システムにうってつけの条件ではないだろうか。

新馬戦に限定した場合、「人気馬2頭＋人気薄1頭」の組み合わせで決着するケースは49・4％。未勝利、ＧⅠに次いで3番目に確率の高い条件となっている（99ページ参照）。これは積極的に狙っていきたい条件だと言える。なお、同じ新馬戦でも有力馬のデビューが多い2歳戦の方が発生確率は高く、51・3％となっているのでさらにおススメだ。それにしても、ＧⅠ

2019年11月16日　京都6R　2歳新馬

1 1 白	△△△：：△△ 13.0	吉川吉 54 .132	クロフネ㊥　(牝)2芦 **ジューンアクア** アグネスナチュラル④　吉川潤 サクラバクシンオー㊙　高昭牧場	飯田祐(栗)　.167 父　重○ダ◎ 母の父　重○ダ○ ・・・・・・・・・	○○460K 3月2日生 父産駒75戦4勝 新馬連対率.147	兄アグネスユーリヤ② 兄アグネスザルーツ⓪ 兄アグネスハンサム(公) 兄タイセイスパーブ①
2	：：：：△：： 42.2	松山 55 .165	シニスターミニスター㊥　牡2鹿 **ゼットライジング** ツルハチクィーン⓪　(有)フォーレ ラムタラ(中長)　協和牧場	吉田(栗)◎　.130 父　重○ダ◎ 母の父　重○ダ○ ・・・・・・・・・	○○460K 4月25日生 父産駒35戦0勝 新馬連対率.057	兄ナミヘイ⓪ 姉キョウワレジーナ① 姉エイトクレイン⓪ 兄キョウワウォール
2 黒 3	：△△◎：△△ 16.5	水口 55 .000	サウスヴィグラス㊙　牡2栗 **アンタルクティクス** ホリデイオンアイス⓪　山上和良 ダンスインザダーク(中長)　村上進	中尾秀(栗)　.222 父　重○ダ◎ 母の父　重○ダ○ ・・・・・・・・・	○○480K 3月23日生 父産駒39戦3勝 新馬連対率.205	兄エイトエンダー⓪ 兄ダブルコーク② 姉キスミーオンアイス⓪ 兄シゲルアマゾナイト⓪
4	B △▲△△○△△ 6.9	太宰 55 .057	(外)キングカメハメハ㊥　牡2鹿 **キ　ワ　ミ** スウィートアンドセイ(米)　寺田寿 Storm Cat(短中)　日高大洋牧場	昆(栗)　.133 父　重○ダ○ 母の父　重◎ダ◎ ・・・・・・・・・	○○470K 2月16日生 父産駒66戦8勝 新馬連対率.212	姉サンシャワー⓪ セレクトセール(当)4000万円
3 赤 5	：：：：：：： 44.9	国分恭 54 .049	ブリサイスエンド(短中)　(牝)2鹿 **ショウゲッコウ** スウィーブイン⓪　ヒダカBU Sky Mesa㊥　ヒダカファーム	湯窪(栗)　.059 父　重○ダ◎ 母の父　重○ダ◎ ・・・・・・・・・	○○460K 4月5日生 父産駒17戦1勝 新馬連対率.118	兄グラウラー(公) 姉ナホラフェット(公) 姉スマイルヴィオラ(公)
6	：：：△△：： 24.7	池添 54 .246	(外)ダイワメジャー㊥　(牝)2鹿 **マーブルレディー** レディーロックフォー(欧)　下村直 Invincible Spirit(短中)　三石川上	池添兼(栗)　.095 父　重○ダ○ 母の父　重○ダ◎ ・・・・・・・・・	◎○450K 2月4日生 父産駒79戦8勝 新馬連対率.203	姉エンパイアソウル⓪ 兄タイガーパローズ(公) 姉ミスベル⓪ 兄ロックスピリット⓪
4 青 7	○△○△△▲▲ 5.5	酒井学 55 .098	キンシャサノキセキ(短中)　牡2黒鹿 **テンテキセンセキ** プレシャスドロップ①　岡田牧雄 フレンチデピュティ㊥　岡田スタ	松永昌(栗)　.208 父　重○ダ○ 母の父　重○ダ◎ ・・・・・・・・・	○○460K 5月20日生 父産駒69戦9勝 新馬連対率.217	兄ベストドロップ⓪ 姉プレシャスムーン① 兄プレシャスエース 兄サンタアズライト
8	▲○▲△△○○ 4.8	松若 54 .081	(外)スマートファルコン㊥　(牝)2鹿 **エキストラライト** ナムラカエデジョウ⓪　岡田牧雄 フォーティナイナー㊥　八田ファ	高柳大(栗)◎　.000 父　重○ダ◎ 母の父　重○ダ◎ ・・・・・・・・・	○○430K 4月14日生 父産駒47戦1勝 新馬連対率.064	姉ナムラメイビ① 兄ナムライットウセイ① 兄ナムラヘラクレス 北海道市場① 216万円
5 黄 9	△：△：△△△ 10.4	藤岡康 55 .164	(外)ジャングルポケット(中長)　牡2黒鹿 **ヨドノエール** クイーンマルサ⓪　海原聖一 ステイゴールド(中長)　林農場	西園(栗)　.133 父　重○ダ○ 母の父　重○ダ○ ・・・・・・・・・	◎○430K 5月7日生 父産駒46戦1勝 新馬連対率.043	姉ヨドノローズ⓪ 兄ヨドノビクトリー 兄ヨドノミラクル⓪
10	◎◎◎○◎◎◉ 2.4	北村友 54 .147	(外)ロードカナロア(短中)　(牝)2鹿 **タガノオボロ** タガノシビル②　八木良司 フジキセキ㊥　新冠タガノF	安田隆(栗)　.485 父　重○ダ◎ 母の父　重○ダ○ ・・・・・・・・・	○○450K 4月28日生 父産駒111戦13勝 新馬連対率.191	兄タガノファサネイト① 姉タガノフューチャー⓪ 姉タガノリボンチャン⓪ 姉タガノレンリ⓪
6 緑 11	B ：：：△：：： 40.8	中井 55 .176	ヘニーヒューズ㊙　牡2鹿 **エ　ラ　シ　コ** ブラックカシミール③　今村明浩 バブルガムフェロー㊥　バンブー	川村(栗)◎　.050 父　重○ダ◎ 母の父　重○ダ◎ ・・・・・・・・・	○○500K 6月3日生 父産駒81戦10勝 新馬連対率.235	姉ブラックショコラ① 兄フォートカルガリー(公) 兄オリオンパッチ
12	：：：：：：： 40.5	和田竜 54 .198	(外)キングカメハメハ㊥　(牝)2鹿 **グランソフィア** グランジョイ①　林千枝子 ダンスインザダーク(中長)　浦河日	鈴木孝(栗)　.240 父　重○ダ○ 母の父　重○ダ○ ・・・・・・・・・	○○440K 4月17日生 父産駒66戦8勝 新馬連対率.212	兄カメット② 兄スーサンジョイ⑦ 姉スーサンゴー① 兄スーサンドン①
7 橙 13	：：：：：：： 35.0	国分優 55 .125	ヘニーヒューズ㊙　牡2鹿 **スリーピート** アンケセナーメン⓪　永井商事 ブライアンズタイム(中長)　北星村	湯窪(栗)　.059 父　重○ダ◎ 母の父　重○ダ◎ ・・・・・・・・・	○○500K 4月22日生 父産駒81戦10勝 新馬連対率.235	姉テンプン① 北海道市場① 1566万円
14	：：：：：：： ☆	△岩田望 53 .094	(外)オーシャンブルー(中長)　牡2鹿 **ケイマジェスティ** ラベンダーカラー③　武田敏也 サクラバクシンオー㊙　ノーザン	西村(栗)　.333 父　重◎ダ○ 母の父　重○ダ○ ・・・・・・・・・	○○470K 4月5日生 父産駒5戦0勝 新馬連対率.200	兄ラベンダーパープル⓪ 姉ベリーニピンク(公)
8 桃 15	：：：：：：： ☆	▲亀田 52 .048	(外)メイショウボーラー(短中)　牡2黒鹿 **ワイルドジャーニー** アナコンダ①　玉井宏和 フサイチコンコルド㊥　川向高橋	大根田(栗)　.188 父　重○ダ◎ 母の父　重○ダ○ ・・・・・・・・・	○○420K 3月2日生 父産駒37戦0勝 新馬連対率.027	姉ガンバレアナコンダ(公) 姉ヒマラヤミューズ(公) 兄ログブック⓪

2019.11.16　京都6R　2歳新馬　ダ1200m

着順	馬名	性齢	騎手	人気
1	⑤ショウゲッコウ	牝2	国分恭	14
2	⑦テンテキセンセキ	牡2	酒井	2
3	⑩タガノオボロ	牝2	北村友	1

3連複⑤⑦⑩14,360円

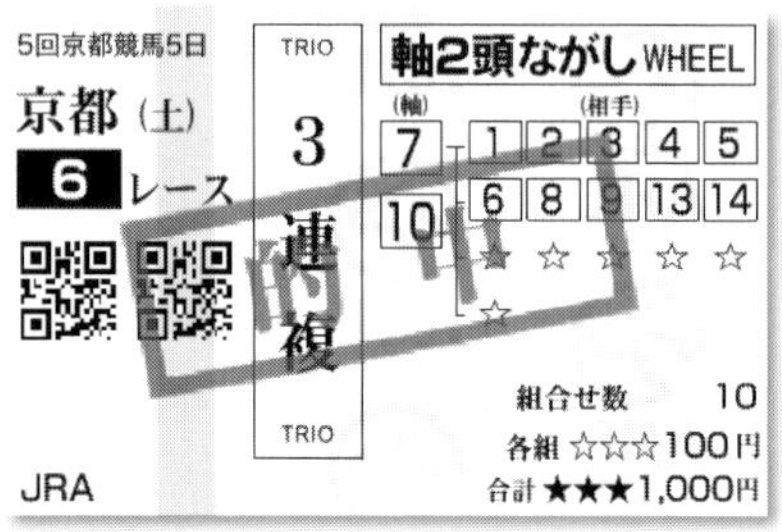

は発生確率が51・4%と過半数がこの「人気馬2頭+人気薄1頭」で決着。ほぼフルゲートで行われるため平均買い目数は75・4点と多くはなっているが、平均獲得配当は10772円と当たればほぼ万馬券。まさにGIのためのシステムと言えるだろう。

取り上げた新馬戦は2歳戦。新馬戦の中でもさらに「人気馬2頭+人気薄1頭」の発生確率が高い条件である。1番人気には単勝オッズ1・5倍と圧倒的な支持を得ていたタガノオボロ。ジャスタウェイの近親にあたる良血馬だ。1倍台の1番人気という事で、人気馬2頭のうちの1頭を同馬に決めてもいいだろう。2番人気はテンテキセンセキ、3番人気キワミ、4番人気エキストラライトと続く。フォーメーションを組むなら1〜4番人気—1〜4番人気—5番人気以下で66点。1番人気タガノオボロが

クラス別の「人気馬2頭＋人気薄1頭」発生確率

条件	発生確率	平均買い目数	平均獲得配当
新馬	49.4%	58.7点	8,149円
新馬(2歳限定)	51.3%	55.7点	8,186円
未勝利	51.8%	65.2点	8,730円
1勝	49.2%	58.9点	8,958円
2勝	47.7%	57.6点	8,476円
3勝	46.2%	56.4点	8,775円
OPEN特別	49.2%	54.6点	7,456円
GIII	49.4%	64.0点	11,353円
GII	47.8%	57.4点	6,115円
GI	51.4%	75.4点	10,772円

1倍台のため、これを固定するなら1番人気―2～4番人気―5番人気以下となるので33点まで削減できる。

結果はなんと1着に14番人気のショウゲッコウが入線する大波乱。2着に2番人気テンテキセンセキ、3着に1倍台の1番人気タガノオボロが何とか入線し、「人気馬2頭＋人気薄1頭」が成立。3連単は408230円の高配当となったが、これを狙って取るのは難しい。人気薄が1着というのは9・8％しか発生しない事象であるため、ここは3連複14360円を的中させるのがベターだろう。

いずれにしても、新馬戦と「人気馬2頭＋人気薄1頭」システムは好相性で、特に2歳戦の場合は発生確率の高さからもおススメできる。

3連単を狙うなら能力差の大きい新馬、未勝利かオープン以上！

ここまで3連複の購入レースばかり触れてきたが、3連単の購入パターンも紹介しておきたい。2020年に行われたエルムステークス。まだ最近のレースなので覚えている方も多いだろう。

【2020年8月9日　札幌11R　エルムステークス】

1番人気はタイムフライヤー。前走のマリーンカップで2017年に行われたホープフルステークス以来、約2年半ぶりの勝利となった。近親にジャパンカップダート、帝王賞など地方交流も含めてGI5勝をあげたタイムパラドックスを持つ血統。芝GI馬がダートで復活を果たしたことで人気に支持された。そして2番人気には2018年にGIチャンピオンズカップで2着の実績を持つウェスタールンド。前走のアンタレスステークスも勝利と勢いも十分であった。やや離れた3番人気にエアスピネルが続く。芝GI、重賞で好走を続けるも2019年の函館記念後に長期休養。復帰後の前走でダートのプロキオンステークスに出走し2着と初のダートながら適性を示したことが評価につながった。そして最後の4番人気が2018年の当レース勝ち馬で2019年も2着とコース巧者のハイランドピーク。

しかしここは人気、実績が示す通り1番人気タイムフライヤー、2番人気ウェスタールンド

2020年8月9日　札幌11R　エルムステークス

1 白 1	関西(70.9)70.4 ：：：：：：： 23.7 ←―	横山武 56 初騎乗	キンシャサノキセキ 牡5 **ヒラボククラターシュ** ヒラボクウィン⓪ 鹿毛 ワイルドラッシュ 平田牧場 辻牧場	大久龍 1.0.0.3 5-3-0-7 0 6 2 0 5510 ・10カ月半休養・ 9カ月以上 0 0 0 0	船橋1 3・23日本テJII 8ト6 大ダ外1589 福 永56▲ S37.5-43.7 2 2 2 3 内 クリソベリル6.8 523 6 5 栗坂 52.6 37.9 12.5	ノド手術・放牧 乗込み仕上がり順調 初戦①着 推定馬体528 中9週以上1 0 0 2
2 黒 2	関西(68.5)69.4 ：▲△：△△： 6.0 ←―	武豊 56 4 2 4 4	キングカメハメハ 牡7 **エアスピネル** エアメサイア④ 栗毛 サンデーサイレンス ラッキーフィールド 社台F	笹田 0.0.0.0 4-4-4-8 0 3 5 0 8225 ・・・・②・・・ 中3週 0 1 2 1	1年休養 背腰疲れ・放牧	4阪4 7・12プロキG3 16ト2 西ダ1221 鮫島駿56 M34.9-35.3 6 7 6 外 サンライズノ0.3 488 11 8 栗坂 54.7 39.7 12.5 ○
3	B (69.2)69.0 △：：△：▲△ 18.6 ←―	藤岡康 56 初騎乗	シンボリクリスエス 牡7 **サトノティターン** マチカネチコウヨレ 黒鹿 Deputy Minister 里見治紀 ノーザンファーム	堀 1.0.0.0 6-1-3-6 1 3 3 0 5400 ・2カ月放牧・・ 中8週 0 0 0 0	2東6 5・10ブリS(L)16ト3 三ダ2102 レーン58 ◎ M39.0-36.0 9 10 9 8 外 エルデュクラ0.1 586 10 1 南W 69.9 39.9 12.3 ◎	3東1 6・6 スレS 10ト3 三ダ2103 レーン59 ○ S39.1-35.5 8 8 8 6 外 エルデュクラ0.4 582 10 2 南W 70.2 41.2 13.8 ○
赤 4	関西(71.9)71.7 △：◎：：：△ 24.5 ←―	横山典 57 1 0 0 4	スタチューオブリバティ 牡7 **ワンダーリーデル** アストレアピース⓪ 鹿毛 マヤノトップガン 山本能成 大島牧場	安田翔 ◇2.0.2.3 7-0-8-16 0 4 3 0 5350 ・・・・③・・・ 中3週 2 0 1 0	高知5 3・10黒船賞JI 12ト5 西ダ1290 横山典57 M －39.5 5 5 5 5 ラプタス1.7 531 8 1 栗坂 55.4 40.2 12.9	4阪4 7・12プロキG3 16ト9 西ダ1227 藤 井57 M35.6-35.3 3 2 2 外 サンライズノ0.9 526 15 12 栗坂 52.6 38.9 13.6 ○
5 4	B 関西(68.8)69.3 ：：：△★△： 16.1 ←―	吉田隼 56 0 0 1 1	ルーラーシップ 牡6 **アディラート** ナリタブルースター① 黒鹿 マンハッタンカフェ 安原浩司 タガミファーム	須貝尚 1.0.1.3 6-6-6-19 4 6 2 0 3650 ・・⑤・③・・・ 中3週 0 0 2 7	1函6 6・28大沼S(L)14ト5 毛ダ1432 吉田隼57B○ M36.8-36.7 4 4 4 5 中 ダンツゴウユ0.6 506 5 6 南W 68.7 39.7 13.5 ○	2函4 7・12マリー 14ト3 毛ダ1442 吉田隼56B△ H36.5-38.1 11 10 5 2 外 タイムフライ0.6 510 4 7 南W 68.6 40.2 12.8 ○
青 6	関西(68.6)68.1 △：▲：△◎△ 12.4 ←―	国分恭 56 3 2 0 2	ゴールドアリュール 牡6 **リアンヴェリテ** ルミエールヴェリテ⓪ 鹿毛 Cozzene 加藤誠 ノースヒルズ	中竹 0.1.1.4 7-3-2-16 8 2 0 0 5050 ・・②・⑬・・・ 中3週 0 1 0 0	1函6 6・28大沼S(L)14ト2 毛ダ1428 国分恭58△ M36.3-36.6 1 1 1 1 先 ダンツゴウユ0.2 482 8 3 南W 67.6 39.0 12.7 ○	2函4 7・12マリー 14ト13 毛ダ1461 国分恭58 ○ H35.3-40.3 3 3 2 5 中 タイムフライ2.5 486 9 1 南W 67.1 39.8 12.6 ○
7 5	(66.5)66.4 ：：△：：：： 28.4 ←―	北村宏 56 3 1 0 3	ストリートセンス 牡6 **ワイルドカード** パーフェクトチャンス 鹿毛 Unbridled's Song ゴドルフィン ダーレーJF	木村 1.1.0.0 6-2-2-4 2 5 1 0 3650 ・4カ月休養・・ 中14～6月 1 0 1 1	2阪8 4・19アンS G3 16ト13 天ダ1516 岩田望56 M37.3-37.8 5 7 7 6 中 ウェスタール1.8 546 2 8 南W 67.9 38.2 12.2 ○	リフレッシュ・放牧 乗り込み入念 初戦①着 推定馬体536 中9週以上3 1 2 3
黄 8	関西(72.9)73.7 ◎△○◎○△◉ 4.6 ←―	藤岡佑 57 2 1 0 2	ネオユニヴァース 騸8 **ウェスタールンド** ユーアンミー 栗毛 Marquetry サンデーR ノーザンファーム	佐々晶 0.2.0.0 6-8-3-13 0 1 9 4 7310 ・4カ月休養・・ 中14～6月 0 1 0 2	2阪8 4・19アンS G3 16ト1 天ダ1498 藤岡佑56C▲ M39.3-35.0 15 15 15 13 大 0.3アナザートゥ 480 8 3 栗坂 53.5 39.3 12.9 ○	リフレッシュ・放牧 仕上がり良好 初戦⑤着 推定馬体486 中9週以上2 1 2 3
9 6	関西(74.8)73.5 ：：：△△：： 19.8 ←―	池添 57 初騎乗	ハーツクライ 牡5 **ロードゴラッソ** サッカーマム 青毛 Kingmambo ロードHC ケイアイファーム	藤岡健 1.0.1.1 6-4-1-9 0 3 7 0 5590 ・4カ月休養・・ 中14～6月 0 0 0 0	2阪8 4・19アンS G3 16ト8 天ダ1507 浜 中57△ M37.1-37.1 5 5 5 6 内 ウェスタール0.9 474 3 4 CW 83.6 38.0 12.5 ○	リフレッシュ・放牧 仕上がり良好 初戦⑤着 推定馬体472 中9週以上1 1 0 1
緑 10	B (74.3)74.5 △△：○：：△ 18.1 ←―	大野 58 5 6 2 6	アイルハヴアナザー 騸6 **アナザートゥルース** キョウエイトルース③ 栗毛 フジキセキ ノルマンディ 岡田スタッド	高木登 1.1.0.2 7-7-2-6 3 6 5 0 6960 ・4カ月休養・・ 中14～6月 0 0 0 1	2阪8 4・19アンS G3 16ト2 天ダ1501 大 野58B△ M37.2-36.6 5 5 2 2 中 ウェスタール0.3 484 11 7 美坂 56.7 41.6 13.5 ○	リフレッシュ・放牧 仕上がり良好 初戦①着 推定馬体484 中9週以上1 1 0 3
11 7	(73.8)73.6 ：◎：：△：： 17.1 ←―	田辺 56 6 1 0 5	アドマイヤオーラ 牡5 **アルクトス** ホシニイノリヲ① 鹿毛 シンボリクリスエス 山口功一郎 須崎牧場	栗田徹 ◇2.1.0.0 7-2-0-6 1 6 2 0 7380 ・3カ月休養・・ 中13週 0 1 0 0	船橋2 5・5かしわJI 7ト4 大ダ外1394 田 辺57△ M37.4-36.7 3 3 3 3 中 ワイドファラ0.8 558 3 4 南W 70.5 40.2 12.2	リフレッシュ・放牧 攻量の割に動き上々 初戦②着 推定馬体550 中9週以上3 1 0 3
橙 12	(68.8)68.8 ○△△△▲△○ 8.1 ←―	横山和 56 3 5 0 4	トーセンブライト 牡6 **ハイランドピーク** ハイランドダンス⓪ 青鹿 ゼンノロブロイ 福島 島川隆哉 エスティファーム	土田 ◇1.1.2.1 6-5-3-8 4 4 3 0 4600 ・・③・・・・・ 中5週 1 0 0 0	4京3 10・12太秦S 16ト3 天ダ1495 北村友58 H36.9-36.9 12 12 11 10 外 エアアルマス0.4 458 6 5 北C 67.2 39.2 13.4 ○	1函6 6・28大沼S(L)14ト3 毛ダ1428 横山武58△ M36.6-36.4 3 3 2 2 中 ダンツゴウユ0.2 474 14 5 南ダ 66.3 38.4 12.4 ○
13 8	関西(70.6)71.4 ▲○△△◎○▲ 4.0 ←―	ルメール 56 2 0 0 2	ハーツクライ 牡5 **タイムフライヤー** タイムトラベリング① 鹿毛 ブライアンズタイム サンデーレーシング 白老F	松田国 0.0.0.0 4-3-0-12 0 2 4 1 7300 ・・・・①・・・ 中3週 0 1 0 2	3中2 3・31マーチG3 16ト9 大ダ1527 ミナリク57▲ M37.9-38.3 8 7 8 8 中 スワーヴアラ1.4 480 5 3 栗坂 51.9 37.8 12.5 ○	2函4 7・12マリー 14ト1 毛ダ1436 ルメール57 ◎ H36.0-37.3 8 8 8 5 外 0.6カラクプア 484 8 2 南W 71.4 40.1 13.3 ○
桃 14	(62.5)65.1 ：：：：：：： 42.8 ←―	浜中 56 初騎乗	バーナーディニ 牡6 **バスカヴィル** ディヴァラリアス 鹿毛 Distorted Humor ゴドルフィン ダーレーJF	加藤征 1.0.0.0 4-4-3-11 0 6 2 0 2200 ・2カ月半休養・ 中10週 0 0 0 1	2東5 5・24丹沢3勝 8ト1 三ダ2113 ルメール57 ◎ M36.9-38.3 3 2 1 1 内 0.1ヴィジョンオ 486 4 1 南W 70.3 41.5 12.4 ○	リフレッシュ・放牧 仕上がりまずまず 初戦②着 推定馬体486 中9週以上1 2 1 4

2020.8.9　札幌11R　エルムS　ダ1700m

着順	馬名	性齢	騎手	人気
1	⑬タイムフライヤー	牡5	ルメール	1
2	⑧ウェスタールンド	セ8	藤岡佑	2
3	⑩アナザートゥルース	セ6	大野	5

3連単⑬⑧⑩9,480円

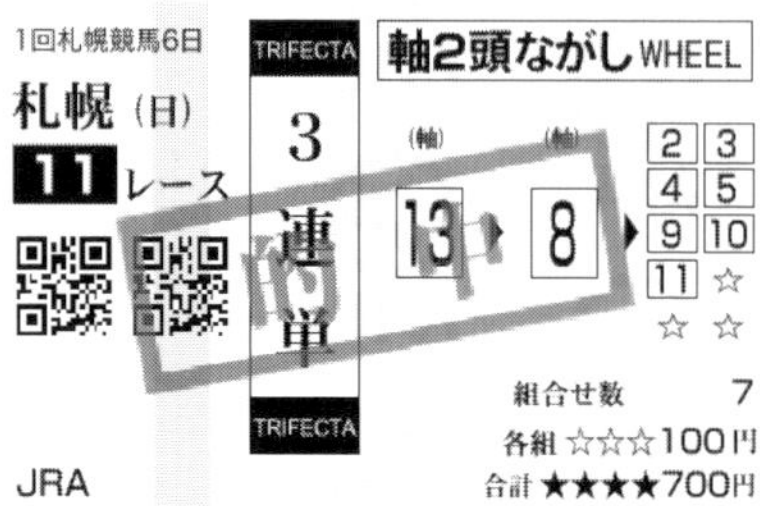

の2頭が抜けているように思えた。3番人気エアスピネルは長期休養明け2戦目。さらに芝時代から1600mよりも距離が延びると取りこぼしが目立っていた。ここは取りこぼす確率は高いだろう。そして4番人気のハイランドピークは確かにコース巧者だが、今年で6歳。得意条件の前走でも3着だと2018年や2019年のようにはいかないだろう。「人気馬2頭＋人気薄1頭」というシステムに当てはめる以上、ここは来てほしくない人気馬だ。

2章でも紹介したが（51ページ参照）、3連単を組む場合、最も出現確率の高いのは「人気馬→人気馬→人気薄」という組み合わせ。24・3%がこれに当てはまり、4回に1回はこのパターンで的中できる計算になる。まず、考えるべきはこの組み合わせだろう。

また、1番人気の勝率をクラス別に見た場

1番人気のクラス別成績

条件	1着数	2着数	3着数	4着数	5着数	着外数	総レース数	勝率	連対率	複勝率
新馬	479	243	157	117	63	256	1315	36.4%	54.9%	66.8%
未勝利	1888	1096	743	461	338	953	5479	34.5%	54.5%	68.0%
1勝	1462	847	646	430	342	1074	4801	30.5%	48.1%	61.5%
2勝	622	376	263	174	122	493	2050	30.3%	48.7%	61.5%
3勝	258	146	111	68	61	214	858	30.1%	47.1%	60.0%
OPEN非L	158	87	34	30	26	108	443	35.7%	55.3%	63.0%
OPEN(L)	32	17	16	5	5	30	105	30.5%	46.7%	61.9%
GⅢ	95	52	35	16	20	110	328	29.0%	44.8%	55.5%
GⅡ	58	31	22	15	7	28	161	36.0%	55.3%	68.9%
GⅠ	38	19	16	8	4	24	109	34.9%	52.3%	67.0%
ハンデ戦除く重賞	160	84	61	29	22	113	469	34.1%	52.0%	65.0%

合、新馬や未勝利、ＧⅠやＧⅡの成績が良いという傾向がある。これには理由があり、いわゆる新馬や（キャリアの浅い）未勝利戦は後の重賞級の馬と未勝利や条件戦クラスの馬が一堂に会するという事で能力差が大きいという事。そしてＧⅠやＧⅡというのは、もうすでにクラスに上がなくＧⅠ級の馬と3勝クラスをギリギリ勝利した馬が同じ条件で走ることになり、こちらも能力に際限がなく強い馬と弱い馬の差が大きくなりやすいという条件となる。逆に1勝クラスなどの条件戦は、そのクラスのレベルの馬が集まっているので能力差が少なく、それだけ接戦になりやすいというわけだ。重賞の中でも唯一ＧⅢだけは勝率が悪いが、これは一つにハンデ戦が組まれているケースが多いという事。そしてＧⅢはＧⅠやＧⅡとは違って一線級の馬はあまり出走しないので重賞の中でもまだ実

力差が小さいレースという事が挙げられる。ハンデ戦を除いた重賞全体の成績とすると勝率は34・1％と1番人気全体の成績を上回っている。

このレースはGⅢとはいえハンデ戦ではなく、1番人気タイムフライヤーと2番人気ウェスタールンドの2頭はGⅠでも通用するというレベルの馬。3連単を購入しても良い状況は揃っているというわけだ。2頭の序列はつけなくてもいいが、確率上、2番人気よりは1番人気の方が1着率は高い。ここは1番人気タイムフライヤーを1着に固定した。

結果的に1着が1番人気タイムフライヤー、2着が2番人気ウェスタールンドと読み通りの決着。3着にも5番人気アナザートゥルースが入線し、「人気馬2頭＋人気薄1頭」の中でも順当決着だったと言えるだろう。これも実力差のある馬が揃いやすい重賞レースの特徴と言えるだろう。

高配当を狙うなら「人気馬→人気薄→人気馬」の3連単！

【2019年5月18日　京都11R　平安ステークス】

3連単を組む場合、一つは能力差があるレースを狙うという事が挙げられる。それは先ほどのエルムステークスでも説明した通り、ハンデ戦以外の重賞というのがわかりやすい一つのデータだろう。そして3連単を実際に組み立てる場合は、発生確率24・3％の「人気馬→人気

馬→人気薄」のパターンか、発生確率15・8％の「人気馬→人気薄→人気馬」のパターンだろう。人気薄は1着より2着、2着より3着になりやすい。とするならば、狙っても2着までが無難。「人気薄→人気馬→人気馬」は発生確率が9・8％と低く、これを狙うなら3連複を使う方が効率はいいだろう。

「人気馬→人気馬→人気薄」は先ほどのエルムステークス。では、「人気馬→人気薄→人気馬」が嵌ったパターンとして2019年の平安ステークスを例に挙げたい。

ハンデ戦ではない重賞という事で、実力差の大きいメンバー構成になりやすい条件。1番人気チュウワウィザードはデビューからここまで3着内を外していない実力馬で、近3走は地方交流重賞の名古屋グランプリ1着、東海ステークス2着、そして地方交流重賞のダイオライト記念1着という戦歴。まだまだ伸びしろがありそうで明らかにここは格上という立ち位置だ。2番人気はサンライズソア。2018年には当レースを制し、シリウスステークス、JBCクラシック、チャンピオンズカップを連続3着に好走。こちらも格上という一頭だが、重賞戦線で好走していた際はM・デムーロ騎手、ルメール騎手、モレイラ騎手と外国人騎手であった。前走のフェブラリーステークスでは鞍上が田辺裕信騎手に替わって6着に敗戦。その前走に引き続きの鞍上という事で実力が発揮できるか不安もあった。3番人気にはオメガパフューム。2018年に当時3歳で東京大賞典を勝利。こちらもGⅠ馬という事で格上の立場だが、比較的高レベルのメンバーで59キロを背負う形というのは若干割引だろう。最後の4番人気がアナ

2019年5月18日　京都11R　平安ステークス

枠	馬番	印	斤量・騎手	馬名・血統	厩舎・成績	前走	前走
1 白	1	(73.3)72.9 ▲△▲▲▲▲△▲ 6.5 ←圏	Mデムーロ 59 4011	スウェプトオーヴァーボード㈱ 牡4 オメガパフューム オメガフレグランス③ 芦毛 ゴールドアリュール㊥ 原禮子 社台ファーム	安田翔㊞ 1.0.0.0 5-2-1-2 䨻0䨻1䨻6䨻0 9880 ・3カ月休養・・ 中12週0 0 0 0	1東⑧2・17フェブGI14ト10 天ダ1373 Mデムー57○ M36.5-36.4 ⑥⑥⑧外 インティ1.7 45014ﾄ3 栗坂 52.4 38.0 12.4	馬体調整・放牧 仕上がり良好 初戦①着 推定馬体460 中9週以上1 0 1 0
1 白	2	関東(64.6)65.3 :△:::★: 42.4 ←圏	武士沢 56 32112	ロージズインメイ㊥ 牡10 サンマルデューク キミホウセキ① 黒鹿 サンデーサイレンス㊥ 相馬勇 田端牧場	和田勇㊞○1.0.0.6 7-3-3-45 䨻0䨻1䨻5䨻4 4850 ⑤・・・・・・・ 中7週0 0 1 3	2札⑥9・2 丹頂S 14ト14 芝C2495 古川吉53 M39.9-42.3④④④④内 リッジマン6.9 51010ﾄ13 札W 53.4 38.6 11.8△	3中②3・24マーチGIII16ト5 天ダ1526 武士沢53 M39.0-36.6⑯⑯⑯⑮外 サトノティタ0.3518 15ﾄ16 南W 68.6 39.2 13.6○
2 黒	3	関東(70.3)69.3 :::::::: 30.7 ←圏	幸 57 初騎乗	⊗ネオユニヴァース㊥ 牡6 グレンツェント ボシンシェ㈱ 鹿毛 Kingmambo㊥ 福島 ㈲シルクレーシング ノーザンF	加藤征㊗◎0.0.0.1 6-2-1-9 䨻0䨻1䨻7䨻0 4300 ⑦・・・・・・・ 中7週0 0 0 0	1中②1・20東海S GII13ト8 天ダ1520 ミナリク56△ M37.2-37.8②②③③外 インティ2.2 484 1ﾄ5 南W 70.0 40.6 14.0○	3中②3・24マーチGIII16ト7 天ダ1526 ミナリク56△ M38.4-37.4②②⑦⑦外 サトノティタ0.3484 14ﾄ9 南W 69.3 39.2 12.9○
2 黒	4	(61.7)62.1 :::::::: ☆ ←圏	水口 56 0001	⊗マヤノトップガン㊥ 牡8 トラキチシャチョウ タイキプレリュード① 鹿毛 Cozzene㊥ ミキハウスＨＫ 村上欽哉	服部㊞○1.1.0.6 6-6-1-28 䨻0䨻2䨻4䨻6 3650 ・⑯・⑭・・・・ 中4週0 1 0 1	2阪③3・30コーS(L)16ト16 芝ダ1258 森裕52 H36.4-38.2 ⑯⑯⑯外 スマートダン2.7508 4ﾄ16 栗坂 55.3 40.1 13.2○	2阪⑧4・14アンS GIII16ト14 天ダ1538 水口56C H37.4-39.9⑩⑩⑩⑭中 アナザートゥ3.0506 12ﾄ16 栗坂 55.5 40.4 13.3○
3 赤	5	B 関東(67.5)69.6 △▲△△△△△ 7.3 ←圏	大野 57 5413	アイルハヴアナザー㊥ 騸5 アナザートゥルース キョウエイトルース③ 栗毛 フジキセキ㊥ ㈱ノルマンディ 岡田スタッド	高木登㊗ 0.0.0.1 6-5-1-3 䨻2䨻6䨻3䨻0 4050 ・・・①・・・・ 中4週0 1 0 0	名古③3・14名大賞JII12ト3 左ダ2027 大野54 S -38.5④③③③中 グリム0.6 480 9ﾄ4 南W 53.0 39.2 13.0	2阪⑧4・14アンS GIII16ト1 天ダ1508 大野56B H37.0-37.2⑥⑦⑦④外 0.1グリム 480 9ﾄ6 南W 51.0 37.3 12.4○
3 赤	6	(65.1)65.8 :::△::: 41.6 ←圏	藤岡康 56 初騎乗	⊗ジャングルポケット㊥ 牡5 モズアトラクション エーシンラクーリエ② 栗毛 コロナドズクエスト㊥ ㈱キャピタル・システム 築紫洋	松下㊞ 1.0.0.1 5-0-1-18 䨻0䨻0䨻2䨻3 2150 ・3カ月休養・・ 中11週0 0 0 0	1阪①2・23仁川S(L)16ト11 芝ダ2065 鮫島駿55▲ S38.2-37.0⑤④②②外 テルペリオン0.8496 13ﾄ5 CW 85.1 ― 12.2○	リフレッシュ・放牧 仕上がり良好 初戦⑤着 推定馬体496 中9週以上1 0 1 1
4 青	7	(70.8)73.2 ◎:◎◎◎◎◉ 3.4 ←圏	川田 58 4110	⊗キングカメハメハ㊥ 牡4 チュウワウィザード チュウワブロッサム③ 青鹿 デュランダル㊥ 中西忍 ノーザンファーム	大久龍㊞ 2.0.0.0 6-2-2-0 䨻0䨻2䨻6䨻0 6650 ・2カ月放牧・・ 中8週0 0 0 0	1中②1・20東海S GII13ト2 天ダ1501 川田56○ M37.3-35.8④④⑤④内 インティ0.3 480 3ﾄ2 栗坂 53.1 38.5 12.4○	船橋③3・13ダイオJII13ト1 右ダ外2373 川田55◎ S39.2-37.9②②②②内 0.87ボロケンタ475 1ﾄ1 栗坂 54.2 39.6 12.8
4 青	8	(73.3)73.7 ○:○○◎○○ 3.9 ←圏	田辺 57 0001	シンボリクリスエス㊥ 牡5 サンライズソア アメーリア① 青鹿 スペシャルウィーク㊥ 小倉 松岡隆雄 富田牧場	河内㊞ 1.0.3.0 5-3-6-7 䨻2䨻5䨻1䨻0 3140 ・3カ月休養・・ 中12週0 0 0 1	1東⑧2・17フェブGI14ト6 天ダ1367 田辺57 M36.0-36.3 ②②②内 インティ1.1 504 10ﾄ5 栗坂 55.9 39.4 12.1○	馬体調整・放牧 仕上がり上々 初戦①着 推定馬体520 中9週以上0 1 1 3
5 黄	9	(64.4)65.2 :△△:△:: 26.7 ←圏	岩田康 56 3000	⊗キングカメハメハ㊥ 牡6 ㊙ジョーダンキング フューチャサンデー③ 黒鹿 サンデーサイレンス㊥ 廣崎利洋ＨＤ㈱ 藤原牧場	藤原英㊞ 1.1.0.0 4-5-0-2 䨻0䨻1䨻8䨻0 2285 ⑧・・・・・・・ 中7週1 0 0 0	1阪⑥3・10甲南1600 14ト1 芝ダ2042 岩田康56◎ H36.3-37.7⑧⑧④④外 0.8タガノグルナ498 5ﾄ1 CW 83.3 39.0 12.5○	3中②3・24マーチGIII16ト8 天ダ1527 蛯名55 M38.7-37.3⑤⑤⑩⑩外 サトノティタ0.4492 3ﾄ6 栗坂 56.5 40.7 12.7○
5 黄	10	関東(70.3)68.7 :::::::: 15.2 ←圏	武豊 57 初騎乗	⊗トーセンブライト㊥ 牡5 ハイランドピーク ハイランドダンス① 青鹿 ゼンノロブロイ㊥ 福島 島川隆哉 エスティファーム	土田㊗◎1.1.0.1 6-4-1-5 䨻4䨻4䨻2䨻0 3900 ⑮・・・・・・・ 中7週0 0 0 0	2中❹3・3 総武S 14ト5 天ダ1526 横山和57◎ M38.1-38.8⑧⑧①①外 マイネルオフ0.4470 5ﾄ1 美坂 51.9 37.7 12.4○	3中②3・24マーチGIII16ト16 天ダ1548 横山和57◎ M37.0-40.2①①①①外 サトノティタ2.5468 13ﾄ4 南W 81.9 38.7 13.7○
6 緑	11	(67.8)68.8 :○:△::: 16.9 ←圏	北村友 54 2010	⊗マンハッタンカフェ㊥ 牝5 クイーンマンボ スズカエルマンボ③ 青毛 シンボリクリスエス㊥ ヒダカＢＵ グランド牧場	角居㊞ 1.1.1.0 4-3-2-5 䨻0䨻2䨻5䨻0 2715 ・5カ月半休養・ 中11・6月0 0 0 0	5中③12・8 師走S 16ト4 天ダ1514 酒井学55△ M37.7-36.8⑦⑧⑥⑤中 テーオーエナ0.5506 3ﾄ5 CW 86.0 37.9 12.1○	爪不安・放牧 仕上がり上々 初戦④着 推定馬体520 中9週以上0 1 1 0
6 緑	12	(65.6)66.5 :::::::: ☆ ←圏	国分恭 56 初騎乗	⊗ゴールドアリュール㊥ 牡7 マイネルオフィール アガルタ㈱ 鹿毛 キングカメハメハ㊥ ラフィアン ノーザンファーム	飯田雄㊞○1.0.0.4 6-6-4-28 䨻4䨻5䨻3䨻0 3450 ⑮・・⑩・・・・ 中4週0 0 0 3	3中②3・24マーチGIII16ト15 天ダ1547 柴田大56 M37.8-39.4⑥⑦⑨⑩外 サトノティタ2.4510 2ﾄ14 栗坂 55.5 40.0 12.1○	2阪⑧4・14アンS GIII16ト10 天ダ1521 和田竜56 H37.7-38.1⑫⑬⑫⑫中 アナザートゥ1.3514 11ﾄ12 栗坂 58.5 42.0 12.7○
7 橙	13	(66.1)66.1 :::::::: 46.1 ←圏	小牧太 57 0001	⊗ゴールドアリュール㊥ 牡8 メイショウスミトモ ムゲン① 鹿毛 アジュディケーティング㊥ 松本好雄 フジワラファーム	南井㊞○0.1.1.12 8-2-6-43 䨻0䨻2䨻8䨻0 7100 ・・・⑨・・・・ 中4週1 1 0 6	1阪①2・23仁川S(L)16ト13 芝ダ2071 古川吉56 S38.2-37.5⑤⑥⑤⑤外 テルペリオン1.4490 9ﾄ15 栗坂 55.3 39.7 12.4△	2阪⑧4・14アンS GIII16ト9 天ダ1520 小牧太57 H38.0-37.7⑭⑭⑮⑭外 アナザートゥ1.2486 15ﾄ14 栗坂 54.4 39.8 13.4○
7 橙	14	関東(63.6)65.1 △::△::△ 18.9 ←圏	和田竜 56 0002	アイルハヴアナザー㊥ 牡4 マイネルユキツバキ カメリアビジュ① 鹿毛 フジキセキ㊥ ラフィアン 本間牧場	高木登㊗ 0.0.0.1 4-3-2-5 䨻3䨻3䨻1䨻0 2400 ・・・①・・・・ 中4週0 0 0 0	2中⑦3・16韓国1600 16ト2 天ダ1531 内田博57▲ M38.3-37.6③③②②中 ゴライアス0.1 528 10ﾄ5 美坂 55.1 39.8 12.7○	3中⑦4・13下総1600 12ト1 天ダ1518 内田博57◎ S37.7-36.7①①①①外 0.2ミッキーポジ528 5ﾄ1 美坂 53.2 38.6 12.4○
8 桃	15	関東(65.2)66.3 △◎△:::△△ 10.5 ←圏	石橋脩 57 3001	シンボリクリスエス㊥ 牡6 サトノティターン マチカネチコウヨレ㈱ 黒鹿 Deputy Minister㊥ 里見治紀 ノーザンファーム	堀㊗ 0.0.0.0 5-1-0-3 䨻1䨻3䨻2䨻0 4000 ①・・・・・・・ 中7週0 0 0 1	1東⑦2・16金蹄1600 12ト1 三ダ2107 石橋脩57△ M38.4-36.7③③③③外 0.6デザートスネ572 2ﾄ2 南W 67.4 38.3 12.9△	3中②3・24マーチGIII16ト1 天ダ1523 石橋脩56 M38.4-36.6②②③②外 0.2ロンドンタウ572 10ﾄ8 南W 56.0 40.7 13.1○
8 桃	16	(71.2)71.7 △:△:△▲△ 9.8 ←圏	藤岡佑 56 初騎乗	⊗カネヒキリ㊥ 牡6 ロンドンタウン フェアリーバニヤン㈱ 鹿毛 Honour and Glory㊥ 薪浦亨 松浦牧場	牧田㊞◎3.0.0.3 8-4-1-16 䨻1䨻4䨻6䨻1 10395 ②・・③・・・・ 中4週0 0 0 3	3中②3・24マーチGIII16ト2 天ダ1525 吉田隼56 M37.6-37.6⑥⑤④④外 サトノティタ0.2532 12ﾄ11 栗坂 49.8 36.8 12.6○	2阪⑧4・14アンS GIII16ト3 天ダ1509 吉田隼56▲ H37.2-37.3⑧⑧⑦④内 アナザートゥ0.1528 3ﾄ3 CW 80.8 39.4 13.3○

2019.5.18　京都11R　平安S　ダ1900m

着順	馬名	性齢	騎手	人気
1	⑦チュウワウィザード	牡4	川田	1
2	⑥モズアトラクション	牡5	藤岡康	12
3	①オメガパフューム	牡4	M.デムーロ	3

3連単⑦⑥①218,430円

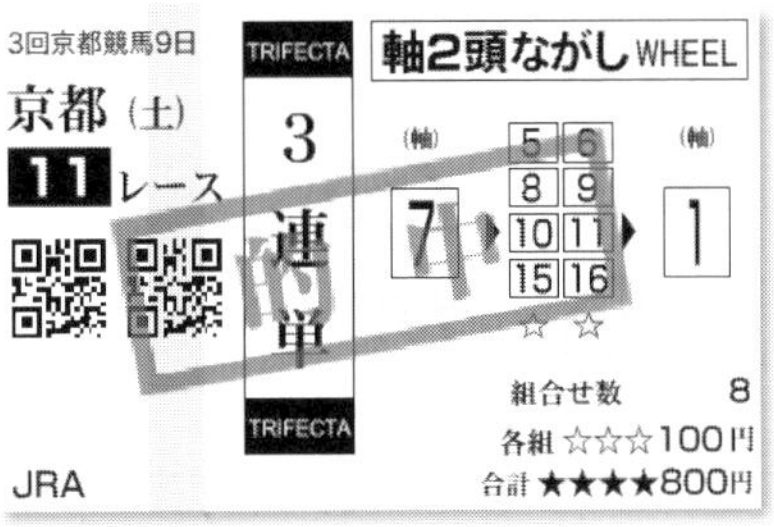

ザートゥルース。2走前に地方交流重賞の名古屋大賞典で3着、前走アンタレスステークスで1着とこちらも勢いがみられた。

結果から言うと、このレースは1番人気チュウワウィザードが1着。3着には3番人気のオメガパフュームが入線し、4着に4番人気アナザートゥルース。そして5着に2番人気サンライズソアと人気馬ゾーンの実力馬が揃って上位に好走していた。しかし、その間に入ったのが12番人気だったモズアトラクションであった。ムラ駆けするタイプで前走は仁川ステークスで11着。こういうタイプは人気薄ゾーンに入れて引っかかるのを待つ方が賢明だ。

馬券としては欠点の少なかった1番人気チュウワウィザードを人気馬ゾーンの一頭として1着に固定。そしてもう一頭の人気馬ゾーンからは3番人気のオメガパフュームを選択。ただし

59キロの斤量を背負っているので2着ではなく3着に固定し、「人気馬↓人気薄↓人気馬」のパターンを狙ってみた。これは上手くいった形だとは思うが、このパターンの平均獲得配当は57059円。実際にこのレースではさらに配当が跳ねて218430円のビッグヒットとなった。人気馬のうち勝ちそうな馬と2着は取りこぼしそうな馬がいた場合は狙ってみると高配当にありつけるだろう。

荒れる条件を見極めたらあとは網にかかるのを待つだけ!

【2020年7月11日　阪神2R　3歳未勝利】

この章の最後を締めくくるのは的中したレース…ではないのだが、こう買えばこんな馬券が的中できる!という事を証明したい。あまり古すぎてもイメージできないので、取り上げるのは2020年7月11日に阪神で行われた3歳未勝利。なんと3連複で152600円の高配当となったレースだ。

まず、このレース当日は雨が降る天気で馬場状態は不良となっていた。芝は重馬場から人気馬の信頼度が落ち始める。この時点で波乱の確率は上がっていた。

さらにこのレースの条件は3歳の未勝利戦。未勝利戦というのは全体を通すと1番人気の勝率が高い条件だ。それは何らかの理由で新馬戦を勝てなかったものの、今後重賞でも戦うよう

2020年7月11日　阪神2R　3歳未勝利

1白	1	(49.0)48.6 : : : : : : : : ☆ ←	▲泉谷 53 初騎乗	父ヴィクトワールピサ 牡3 バッファローボム ブリリン(米) (有)フジワラF タイキシャトル フジワラF	北出 0.0.0.0 0-0-0-7 0 0 0 0 0 ・①・☆☆⑫・・	1新⑥5・24 未勝利 15ト11 天ダ1569 亀田53 M38.6-39.8 ②①③①逃 ライトマイフ3.2 534 2人10	3阪❺6・20 未勝利 16ト12 天ダ1560 岡田祥56 M39.4-38.9 ⑤⑤⑥⑤中 オーケーメジ2.9 526 5人14
	2	(53.2)53.7 :○: : :△△ 13.5 ←	幸 54 初騎乗	父ヴィクトワールピサ 牝3 ピンクレガシー バルドウィナ(仏) グリーンF Pistolet Bleu 社台ファーム	藤岡健 0.0.0.0 0-0-0-3 0 0 0 0 0 ・・・・・⑦・・	1阪⑦3・20 牝未勝 16ト9 天芝外A1497 藤岡康54△ S36.9-35.7 ⑩⑨⑧外 ファナ1.8 440 9人5	3阪⑤6・20 牝未勝 18ト7 天芝外A1491 北村友54 S37.5-35.5 ⑰⑯⑮中 ダンツイノー1.5 434 4人6
2黒	3	(51.7)49.2 : : : : : : : : 43.9 ←	☆斎藤 53 初騎乗	父キングカメハメハ 牝3 バーグアンノール レクレドール④ (有)社台RH サンデーサイレンス 白老F	池江寿 0.0.0.0 0-0-0-2 0 0 0 0 0 ・4カ月半休養・	1中①2・29 牝未勝 17ト16 芝A2051 西村淳53 S36.6-38.5 ②②②③内 ソフトフルー3.3 410 13人10	リフレッシュ・放牧 乗り込み入念 初戦⑤着 推定馬体410 中9週以上0001
	4	(49.9)52.5 △△△△○△▲ 5.2 ←	松山 54 0010	父キズナ 牝3 サウンドレベッカ サウンドバリアー② 増田雄一 アグネスデジタル 社台F	安達 0.0.0.1 0-0-1-3 0 0 0 0 0 ・・・・・③・・	2阪④4・5 牝未勝 16ト9 天ダ1585 福永54△ M38.7-41.7 ⑥⑥⑤⑥内 クーファアチ3.0 448 10人4	3阪⑤6・20 牝未勝 18ト3 天芝外A1478 松山54 S37.2-34.1 ⑪⑮⑮大 ダンツイノー0.2 452 16人8
3赤	5	(53.4)52.9 △:△:△△△ 13.1 ←	松若 56 初騎乗	父ブラックタイド 牡3 アールウィザード マチュアード(英) 前原敏行 Manduro 矢野牧場	千田 0.0.0.0 0-1-1-5 0 0 0 1 0 ・⑤・・・・・・	3京③5・2 未勝利 13ト4 天芝外C1476 岩田望55▲ M35.0-35.9 ①①①逃 エヒト1.0 488 2人3	3京⑨5・23 未勝利 12ト5 天芝外D1505 北村宏56△ S36.9-35.5 ③③③外 ラインハイト1.2 484 9人3
	6	(46.6)48.2 : : : : : : : : ☆ ←	中井 56 0002	父キングカメハメハ 牡3 シンゼンビクトリー エーシンラクーン① 原司郎 ジャングルポケット 栄進牧	飯田祐 0.0.0.0 0-0-0-2 0 0 0 0 0 ・⑫・・・・・・	2京①2・1 新馬 16ト13 三ダ1172 中井56 M39.3-37.9 ⑫⑬⑬逃 ガラデレオン3.5 470 1人14	1新⑤5・23 未勝利 16ト12 天芝外B1370 中井56 S37.7-34.5 ⑨⑥⑦中 プティシュジ1.4 464 16人16
4青	7	(50.0)48.8 : : : : : : : : 46.1 ←	藤井 54 初騎乗	父ハーツクライ 牝3 ブライトアイズ ブライスキャニオン(英) 飯田正剛 Galileo 千代田牧場	高橋亮 0.0.0.0 0-0-0-8 0 0 0 0 0 ・・・・⑬・・・	1福②4・12 未勝利 15ト10 芝A2440 高倉54△ M36.8-38.8 ③③④④逃 ブレーナード1.7 476 10人8	3阪❹6・14 牝未勝 15ト13 天ダ1581 鮫島駿54C H38.0-42.9 ⑪⑩⑩⑩内 ロニセラ4.8 484 11人9
	8	(52.8)51.7 : : : : : : : : ☆ ←	鮫島駿 56 初騎乗	父ルーラーシップ 騸3 ビーオールアイズ ファンタジックアイ① 吉田照哉 ネオユニヴァース 社台F	松下 0.0.0.0 0-0-0-2 0 0 0 0 0 ・2カ月半休養・	3京②4・26 未勝利 14ト7 天芝外C1491 川須56△ S37.4-34.5 ⑬⑭⑭逃 エアロロノア0.9 458 3人8	リフレッシュ・放牧 仕上がり良好 初戦⑨着 推定馬体462 中9週以上0000
5黄	9	(53.7)51.2 :△△▲△:△ 16.7 ←	和田竜 54 初騎乗	父トゥザグローリー 牝3 サウンドロマン マッジョーレ(米) 増田雄一 キンググローリアス 鮫川啓	高橋康 0.0.0.0 0-0-1-1 0 0 0 0 0 ・10カ月半休養・	2小⑨8・24 未勝利 9ト4 天芝B1500 岩田望51◎ S37.8-35.1 ⑥⑤③①中 クリスティ0.5 488 7人4	トモ骨折・放牧 仕上がりまずまず 初戦③着 推定馬体488 中9週以上0000
	10	(49.8)51.4 : : : : : : : : 33.2 ←	浜中 56 初騎乗	父カレンブラックヒル 牡3 ダコタブラックヒル ラヴィール(米) KCタン キンググローリアス 村上牧	長谷川 0.0.0.0 0-0-0-5 0 0 0 0 0 ・・⑦・・・・・	1新①5・9 未勝利 14ト14 天ダ1589 古川吉56△ M37.3-43.0 ⑥⑤⑧⑧外 ナムラタイガ4.7 472 13人5	3京①5・30 未勝利 17ト7 天芝外D1484 古川吉56 M36.0-35.7 ⑫⑪⑪逃 ポールトゥウ1.2 486 5人10
6緑	11	(47.1)46.1 : : : : : : : : 47.7 ←	酒井学 56 初騎乗	父オルフェーヴル 騸3 サンライズデヴォン ストーミーレニー(米) 松岡隆雄 Storm Cat 下河辺牧場	河内 0.0.0.0 0-0-0-2 0 0 0 0 0 ・5カ月休養・・	2京⑤2・15 未勝利 12ト12 芝外B2066 川須56 M38.4-38.7 ⑨⑨⑫⑫逃 アイアンバロ3.5 464 6人11	馬体調整・放牧 完調手前 初戦②着 推定馬体460 中9週以上0000
	12	(54.5)54.2 ◎▲◎◎○◎○ 3.1 ←	福永 56 0200	父エピファネイア 牡3 ナリタアレス ボルドグザグ(仏) (有)オースミ Layman 社台ファーム	木原 0.0.0.0 0-3-2-2 0 0 0 3 0 ・3カ月休養・・	2阪⑥4・12 未勝利 16ト2 芝外B2033 福永56C○ S37.7-35.5 ⑦⑦⑦⑥中 ノーウェアラ0.2 480 2人2	リフレッシュ・放牧 仕上がり良好 初戦③着 推定馬体484 中9週以上0010
7橙	13	(53.5)51.4 : : :△: : : 23.8 ←	☆岩田望 55 0001	父トーセンラー 牡3 ルドヴィコ スウィートテイルズ① 吉田和美 キングカメハメハ ノーザンF	石坂公 0.0.0.0 0-0-0-5 0 0 0 0 0 ・2カ月放牧・・	1福③4・18 未勝利 16ト5 天芝A1516 斎藤55▲ M36.5-37.1 ③③③③中 コスモシーク0.2 426 11人5	3京⑤5・9 未勝利 11ト8 天芝外C1480 北村友56▲ M36.5-35.0 ⑧⑧⑥外 コマノウイン0.8 426 11人3
	14	B (53.5)52.5 △: : : : : : 16.6 ←	小崎 56 0101	父ロードカナロア 牡3 マルタクロス ショウナンタレント③ 寺田千代 アグネスタキオン 桑田牧場	松永幹 0.0.0.0 0-1-0-5 0 0 1 0 0 ・②・・・⑧・・	3京⑪5・24 未勝利 18ト2 天芝外D1356 小崎56C△ H34.4-37.1 ②②②逃 コンフィデー0.2 504 1人10	3阪⑤6・20 未勝利 18ト8 芝外A1230 小崎56C△ H34.6-37.0 ④②④逃 トゥールドマ0.9 508 2人5
	15	B (—)46.8 : : : : : : : : ☆ ←	☆富田 55 初騎乗	父ルーラーシップ 牡3 ラザビー プレイガール(愛) (株)京都ホースR Caerleon 飛野牧場	友道 0.0.0.0 0-0-0-1 0 0 0 0 0 ・・・・・⑪・・	兄トップモーリー⓪ 兄レッドボルテクス⓪ 兄ムテキングス⓪ 姉ノーワン	3阪⑥6・21 未勝利 18ト17 三芝外A2165 福永56△ M36.8-37.5 ⑬⑬⑬⑭内 エバーマノ2.9 516 4人8
8桃	16	(49.9)51.2 ○:△: :△△ 14.6 ←	川須 54 0001	父ヴィクトワールピサ 牝3 スカイヴァルキリー プレザンサプライズ⓪ 杉山忠国 Shamardal 杵臼牧場	寺島 0.0.0.1 0-0-0-3 0 0 0 0 0 ・2カ月放牧・・	1小❷1・19 未勝利 15ト12 芝A2063 横山武54○ H35.5-39.9 ⑥⑧⑦⑦逃 ホウオウエク3.3 456 1人7	3京⑤5・9 未勝利 11ト5 天芝外C1476 川須54△ M35.6-35.1 ④④④内 コマノウイン0.4 464 5人7
	17	(52.5)53.7 △★○△▲◎◉ 4.9 ←	川田 54 0001	父オルフェーヴル 牝3 テイストオブハニー スウィートアンドフロ(米) (株)フク Unbridled's Song バカバカ	鮫島 0.0.1.0 0-1-2-2 0 0 0 1 0 ・・・⑥・・・・	1京⑦1・19 牝未勝 9ト7 天ダ1581 川田54◎ M38.4-40.9 ③③②②内 ラブスピール2.4 530 4人1	3阪②6・7 未勝利 18ト6 天芝外A1356 藤岡佑54○ S37.5-33.6 ⑭②⑭内 サンライズオ1.3 546 1人5
	18	(—)52.1 △◎△◎△△△ 7.8 ←	北村友 54 初騎乗	父ディープインパクト 牝3 リズムオブラヴ ミュージカルウェイ(仏) (有)シルク Gold Away ノーザンF	藤原英 0.0.0.0 0-0-0-1 0 0 0 0 0 ・・⑧・・・・・	姉インナーアージ④ 兄トーセンマタコイヤ⑤ 姉ミッキークイーン⑤ 姉オーロトラジェ⓪	3京①5・30 未勝利 17ト8 天芝外D1485 岩田望53▲ M36.0-36.0 ⑩⑪⑧外 ポールトゥウ1.3 462 13人1

2020.7.11　阪神2R　3歳未勝利　芝1800m

着順	馬名	性齢	騎手	人気
1	⑱リズムオブラヴ	牝3	北村友	4
2	④サウンドレベッカ	牝3	松山	3
3	⑦ブライトアイズ	牝3	藤井	15

3連複④⑦⑱152,600円

な馬が条件クラスの馬と一緒に走るケースが多いためである。しかし、そういう馬はキャリアの浅いうちに未勝利戦を突破していってしまう。結果、早いもの順で強い馬がドンドン未勝利戦を勝ち上がり、時が経つほど未勝利戦のメンバー内での実力差は小さくなっていく。ゆえに、まだ始まったばかりの２歳未勝利戦といわゆるスーパー未勝利と言われるＪＲＡでの出走存続をかけた３歳の夏では勝率が大きく異なる。２歳７月時点での勝率は42・６％もあるが、３歳８月だと28・６％しかない。勝率で15％も違うわけだ。未勝利戦と一括りにするのではなく、そのデータを理解していないといけない。

つまりこのレースは３歳７月に行われる出走メンバー間の実力差のない未勝利戦。しかも雨により馬場は不良まで悪化し、実力通りに決ま

未勝利戦の1番人気月毎成績

条件	1着数	2着数	3着数	4着数	5着数	着外数	総レース数	勝率	連対率	複勝率
2歳6月	9	9	5	2	0	1	26	34.6%	69.2%	88.5%
2歳7月	52	28	17	3	6	16	122	42.6%	65.6%	79.5%
2歳8月	66	36	29	10	5	29	175	37.7%	58.3%	74.9%
2歳9月	83	37	26	18	9	23	196	42.3%	61.2%	74.5%
2歳10月	94	62	44	20	17	39	276	34.1%	56.5%	72.5%
2歳11月	125	45	32	25	23	40	290	43.1%	58.6%	69.7%
2歳12月	110	63	44	33	17	51	318	34.6%	54.4%	68.2%
3歳1月	142	91	54	33	24	84	428	33.2%	54.4%	67.1%
3歳2月	151	88	49	46	35	73	442	34.2%	54.1%	65.2%
3歳3月	206	113	75	49	32	83	558	36.9%	57.2%	70.6%
3歳4月	213	102	78	54	39	99	585	36.4%	53.8%	67.2%
3歳5月	170	120	83	30	33	87	523	32.5%	55.4%	71.3%
3歳6月	154	101	62	32	28	104	481	32.0%	53.0%	65.9%
3歳7月	147	91	69	53	29	98	487	30.2%	48.9%	63.0%
3歳8月	117	73	48	43	32	96	409	28.6%	46.5%	58.2%
3歳9月	46	37	26	10	8	29	156	29.5%	53.2%	69.9%

る可能性は大きく下がる状況が揃っていたというわけである。

にもかかわらず、１番人気ナリタアレスは単勝オッズ２・０倍にまで支持されていた。このオッズなら普通は人気馬２頭のうちの１頭を決めてしまってもいいとするが、さすがにこの状況でこの人気はリスクが大きいと言えるだろう。１番人気が馬券対象外となった際の配当の跳ね上がりはすでに証明している通り。ここはむしろ２・０倍と支持を集めている１番人気が飛ぶ可能性に賭けた方がリターンは大きそうだ。

結果、１番人気ナリタアレスは８着に敗戦。４番人気リズムオブラヴが勝利し、２着には３番人気サウンドレベッカが入線。そして３着には15番人気のブライトアイズ。冒頭で説明した通り、３連複で１５２６００円の高配当となった。しかし、これも「人気馬2頭＋人気薄1頭」のシステムの範疇なのだ。この配当を手にする可能性は「人気馬2頭＋人気薄1頭」システムを理解していれば十分あり得たのである。

世間的に高配当のイメージと言えば10番人気以下の馬が複数馬券対象になるというのが強いだろう。しかし、そういうレースは極めて稀である。来た時のイメージが強すぎるだけで、5番人気以下が2頭来る確率でさえ25・6％。人気薄3頭ともなると3・3％しか発生しないのだ。全体の49・7％を占めるのが本書で示す「人気馬2頭＋人気薄1頭」。このゾーンでも3連複で10万馬券は十分狙えるのである。

さて、ここまでで「人気馬2頭＋人気薄1頭」システムのより具体的な使い方、狙い方などを説明できたのではないかと思う。最後の章では機械的に買い続ければ儲けられる、とってきのパターンなどを解説していこうと思う。さらに条件をパターン化させて、勝つための作戦を伝授していきたい。

第4章
プラス収支を実現させるベタ買い法&究極データ

人気だけに着目して機械的に馬券を買い続けるとどうなるか？

ここからは、機械的に買い続けていれば実は儲けられていた、「人気馬2頭＋人気薄1頭」の組み合わせを見ていく。例を挙げることによって、「人気馬2頭＋人気薄1頭」の的中レースを紹介するのはもちろんだが、「人気順だけでシンプルに考えてみてほしい」という意図もある。人気順で予想するだけで、これだけ的中できるのかという声を聞ければ筆者冥利に尽きる。

予想はどうしても各人の先入観が邪魔をする。自分で考えて一喜一憂するのが競馬の醍醐味ではあるが、間違った思い込みで自ら馬券の的中から遠ざかることほどつまらないことはない。そして、これまでも見てきたように、「人気薄1頭」の好走を予想するのは本当に難しい。

そこで人気順予想の出番だ。例えば血統をメインファクターにしている方は、穴馬を抽出する際も、血統を重視して各馬の上げ下げを行っているだろう。これによって満足できる結果が得られていればいいが、このスタンスでは、血統以外の理由で台頭する穴馬には対応できない。

「軸馬は合っているのに相手がいない！」という失敗をしないために、軸馬の選定だけ自らのろうか。

武器とする予想ファクターで行い、ヒモは人気順を参考にして機械的に選ぶというのはどうだろうか。

もちろん、紹介する例は〝結果として〟多くの的中を得られていただけに過ぎない。本書の発売直後から急に的中がなくなる可能性は否めないし、そうなれば、ただ後付けで語っているとの批判も受けるだろう。

しかし、競馬のデータ予想は、血統・騎手・厩舎に関しても、実際の結果を踏まえて評価している側面がある。

「サウスヴィグラス産駒は短距離で強い」

この血統予想と、

「近年の重賞は2番人気－3番人気－7番人気の決着が多い」

という人気予想は、正直なところ全く同じに思える。過去を参考にしながら未来の結果を予想するのが競馬なのだから、過去に好配当をもたらした人気順の組み合わせを学ぶことは、なんら筋違いな話ではない。

無論、これらのパターンを買い続けるよう強制するつもりは毛頭ない。しかし、事実としてそうなっていることは、是非とも把握してもらいたい。

競馬が難しい、どう予想してもうまくいかないと頭を悩ませている方には、自分の購入している馬の人気を改めて見返していただきたい。「人気馬2頭＋人気薄1頭」の法則を理解しないまま、なんとなく人気馬同士の決着ばかり狙ってはいないだろうか。いつの間にかＰＡＴの残高が少なくなっているのなら、これから紹介する組み合わせをひとつのヒントしてもらえれば幸いだ。

■1番人気を軸にする場合

1番人気は最も馬券に絡みやすいが、絡むと配当は安くなる。競馬は他の人と同じ馬券を買っていては勝てないから、敢えて1番人気は軽視するというスタンスを取る方も多いだろう。しかし、何度も説明してきたように、「人気馬2頭＋人気薄1頭」のパターンで決まるレースは本当に多い。ここまで読み進めていただいた方には、しっかりと伝わっていることだろう。「必ず1頭は人気薄が絡む」という意識を持つことで、実は1番人気からでも高回収率を得られる。人気薄の馬でも恐れず、積極的に馬券に組み込むと良い結果になると、以降の組み合わせを確認していただきたい。※なお集計データはすべて2016年～2020年9月6日終了時点のもの

●3連複フォーメーション
1列目：1番人気、2列目：2～3番人気、3列目：7～12番人気

芝・ダートのＧⅠ・ＧⅡ・ＧⅢ。16頭立て以上。
３１８レース中47レース的中
レース的中率14・８％、回収率１０５・５％

まさに「人気馬２頭＋人気薄１頭」を体現した組み合わせだと言える。しかも、２列目までは特に工夫がなく、当たり前とも思える人気馬を評価している。特徴的なのは３列目。４～６番人気を購入せず、13番人気以降も相手には含めていない。これは、人気馬同士の決着を買わないこと、そして、あまりに人気薄で、実現可能性の乏しい組み合わせを除外することで回収率を高めている。

また、当然ではあるが、２列目に置いた２～３番人気を３列目には置いていない。上位人気３頭（１～３番人気）で決着する組み合わせは、配当的な面で全く妙味がないことがその理由である。先述の条件（芝・ダートのＧⅠ・ＧⅡ・ＧⅢ。16頭立て以上）で集計した場合、３１８レース中17レースが的中。レース的中率は５・３％なので、およそ20レースに１回しか的中していない。それなのに的中時の平均獲得配当は１２７９円と、２０００円を大きく下回っている。

このように、１～３番人気で決まる３連複を毎回購入していてはジリ貧になってしまう。上位人気3頭の馬券は、的中率と配当のバランスが明らかに悪いので、ハナから嫌ってしまって良いのだ。1レースあたりなら1点100円かもしれないが、回収率を考えれば、この100円を買わないことに意味がある。1~3番人気で決着した際は、自身のストライクゾーンではなかったと割り切ればいい。動揺せずに次の球をしっかりミートすればいい話だ。

さて、このフォーメーションの年度別成績は、次の通りとなっている。

●16年　68レース中12レース的中、回収率102・1%
●17年　73レース中6レース的中、回収率41・9%
●18年　64レース中11レース的中、回収率114・5%
●19年　64レース中11レース的中、回収率160・7%
●20年　49レース中7レース的中、回収率121・2%

17年こそ、途中の27連敗や16連敗もあってグンと落ち込んでいるものの、それ以外の年では的中率も回収率も安定。特に近3年でプラス収支になっているのが素晴らしい。期間中の的中率は14・8%だから、7レースに1回はこの3連複で的中できる計算だ。

そして、20年はダービーがこの組み合わせで決まった。フォーメーションに直すと、次のような馬券となる。

2020年　ダービー

［3連複フォーメーション］
1列目⑤コントレイル（1番人気）
2列目⑫サリオス（2番人気）、③ワーケア（3番人気）
3列目⑪ガロアクリーク（7番人気）、⑬ディープボンド（8番人気）、①サトノインプレッサ（9番人気）、⑥ヴェルトライゼンデ（10番人気）、⑭マイラプソディ（11番人気）、②アルジャンナ（12番人気）

［結果］
1着⑤コントレイル（1番人気）
2着⑫サリオス（2番人気）
3着⑥ヴェルトライゼンデ（10番人気）
●購入1200円　●払戻2480円

2480円の払い戻しは、当パターンで期間中に的中した3連複で最も安いものだった。10番人気が3着に入ったにしては少々物足りないが、皐月賞までのレースぶりから、17年世代がコントレイルとサリオスの2強であるとは容易に想像できる。そのため、この2頭が絡んだ馬券ばかりが売れていた影響が大きい。

10番人気で3着に好走したヴェルトライゼンデは、良馬場替わりと距離の延長がプラスに働いた。しかし、元々ホープフルSでコントレイルの2着となった実績馬。ダービーで4番人気だったサトノフラッグとは、皐月賞でわずか0秒1の差。10番人気とは実力を過小評価されていたか。

2019年　オークス

［3連複フォーメーション］

1列目⑬ラヴズオンリーユー（1番人気）

2列目②クロノジェネシス（2番人気）、③コントラチェック（3番人気）

3列目⑦シャドウディーヴァ（7番人気）、⑤エールヴォア（8番人気）、⑯ビーチサンバ（9番人気）、④シェーングランツ（10番人気）、⑭フェアリーポルカ（11番人気）、⑩カレンブーケドール（12番人気）

［結果］

1着⑬ラヴズオンリーユー（1番人気）

2着⑩カレンブーケドール（12番人気）
3着②クロノジェネシス（2番人気）
●購入1200円　●払戻28240円

また、19年オークスでも、このフォーメーションによって的中を得られた。軸となる1番人気は良血馬ラヴズオンリーユー。桜花賞馬グランアレグリアがNHKマイルCに参戦したため、3戦3勝で忘れな草賞を快勝した勢いと素質が評価された形だ。

2列目の2番人気クロノジェネシスは桜花賞で3着。これまで馬券圏外に沈んでいない安定感が魅力だった。3番人気コントラチェックはフラワーC勝ち馬。こちらはDレーン騎手騎乗で注目を集めていた。

ここまでは非常にシンプルかつ簡単な予想。しかし、フォーメーションの3列目に12番人気カレンブーケドールを置けた人はそういないだろう。というのも、この年のオークスまでの近10年で、前走スイートピーS組は22頭が出走してすべて馬券圏外で、鬼門のローテとして知られているからだ（ちなみに20年のオークスも同レースを勝って進んだデゼルが2番人気に支持されるも11着に敗れた）。データや理屈では押さえるのが難しいカレンブーケドールだが、「人気」に着目したこのフォーメーションではしっかりと拾えている。

また、惜しくも集計期間外となり、先述の的中率と回収率には含まれないが、20年のセントウルSもこの決着に該当。1番人気ダノンスマッシュが1着で、2番人気ミスターメロディが3着。2着には12番人気のメイショウグロッケが入った。このレースの3連複配当は13680円。よって、20年は49レース中7レース的中で回収率121・2%としたが、集計期間を直近にまで延ばせばもっと優秀な成績を収められていたはず。しかし、今思い返してもメイショウグロッケを買うのは難しかった……。

ちなみにだが、これを変形した次の組み合わせが、近年のダート重賞ではハマりにハマっている。

●3連複フォーメーション

1列目：1番人気、2列目：2〜3番人気、3列目：総流し

ダートのGⅠ・GⅡ・GⅢ。16頭立て以上。

47レース中18レース的中

レース的中率38・3%、回収率171・3%

3列目は「総流し」としたが、人気馬同士の組み合わせを切って「7番人気以下へ総流し」としても良い。ただ、総流しをしても十分な回収率を得られたため、今回は的中率も兼備したこのフォーメーションを提唱したい。

先述の「1列目：1番人気、2列目：2～3番人気、3列目：7～12番人気」よりも的中レース数は増えるが、当然ながら購入点数も増えてしまう。1レース平均では2700円の投資だ。それでも、ダートの場合は十分な回収率を保てている。つまり、「1番人気－3番人気－5番人気」など、芝では目立たなかった組み合わせがよく来ていて、13～16番人気の激走もあったということ。それだけダートでは、上位人気3頭のうち2頭が馬券圏内にきっちり走っていると分かる。

●16年　8レース中5レース的中、回収率73・6％
●17年　12レース中2レース的中、回収率14・2％
●18年　12レース中5レース的中、回収率110・1％
●19年　8レース中2レース的中、回収率161・4％
●20年　7レース中4レース的中、回収率664・2％

16年と17年は案外だが、近3年でプラス収支を達成。成績の推移を見ても分かるように、「1列目：1番人気、2列目：2～3番人気、3列目：7～12番人気」とした先述の組み合わせは、ダート重賞での的中に大きく支えられている。

20年に回収率が大きく跳ねているのはフェブラリーSが該当しているから。仮にこの大ホームランを除いても、20年は残り6レースのうち3レース、東海S・根岸S・ユニコーンSがヒット。打率の高さも注目できる組み合わせだ。

20年フェブラリーSをフォーメーションに直すと、次のような馬券となる。

2020年　フェブラリーS

［3連複フォーメーション］

1列目⑫モズアスコット（1番人気）

2列目⑤インティ（2番人気）、⑨サンライズノヴァ（3番人気）

3列目総流し（16頭立てなので16頭をマーク）

［結果］

1着⑫モズアスコット（1番人気）

2着⑮ケイティブレイブ（16番人気）

3着⑨サンライズノヴァ（3番人気）

●購入2700円　●払戻95310円

単勝か複勝、もしくは枠連ではないと的中が難しかったこのレース。16番人気のケイティブレイブが実績馬であるとは分かりつつ、長岡騎手への乗り替わりで手を出せなかった方は多いだろう。同騎手は20年小倉記念のアールスターで重賞初勝利。20年フェブラリーS当時は重賞未勝利だった。全成績でも18年1勝→19年3勝という履歴で、20年はフェブラリーSまでは3着が1度あるだけだった。

「重賞は騎手で決まる」という考えも有効だが、騎手で見切りをつけた馬に走られるのは日常茶飯事。騎手を組み込んだ予想でこのフェブラリーSを的中できた人は少ないはずだ。

一方、能力派の人にとっては、ケイティブレイブを16番人気で買えるのは、またとない好機だったことだろう。競馬は血統・厩舎・騎手・展開・馬場・能力など、各ファクターが複雑に絡まりあって成立している。一部だけで論じるのではなく、その全てが総合された「人気」を重要視するのは、ある意味で理に適っている。

2020年　ユニコーンS

［3連複フォーメーション］

1列目⑯カフェファラオ（1番人気）

2列目⑤レッチェバロック（2番人気）、①デュードヴァン（3番人気）

3列目総流し（16頭立てなので16頭をマーク）

［結果］
1着⑯カフェファラオ（1番人気）
2着①デュードヴァン（3番人気）
3着⑥ケンシンコウ（11番人気）
●購入2700円　●払戻14320円

ユニコーンSは20年を含む近10年で、連対馬20頭中17頭が3番人気以内、19頭が5番人気以内だった。3歳ダートの一線級が揃うので、2着までは実績通りに決まりやすいレースと言える。ただ、3着は11頭中7頭が6番人気以下。2着までとは違い、3着には穴馬が飛び込んでくる。

このように、毎年の傾向がはっきりしているレースは、人気順のフォーメーションで的中につなげやすい。予想の第一感で「堅いレース」だと思ったら、上位人気だけの馬券を買わずに、是非「総流し」を試していただきたい。この矛盾している言葉が、実は矛盾していないのが昨今のダート重賞の面白いところだ。

ちなみに、ケンシンコウは続くレパードSを7番人気で優勝。このレースでは2番人気ミヤジコクオウが2着に入ったのだが、肝心の1番人気デュードヴァンが4着。このフォーメーシヨンでは的中に一歩届かなかった。

■1番人気を消しにする場合

続いて提案するのは、思い切って1番人気を買わないという選択肢。当然的中率は低くなるのだが、1番人気が馬券外に敗れれば高配当は約束されたようなもの。一発長打の魅力は先ほどまでとは比べ物にならない。

●馬連1点
2番人気－3番人気
芝・ダートのGⅠ・GⅡ・GⅢ。16頭立て以上。
318レース中30レース的中
レース的中率9・4％、回収率160・6％

「本当に？」と思えるが、実は近年のGⅠ～GⅢで「2番人気と3番人気の馬連」は、オイシイ配当をもたらしている。

16年　68レース中9レース的中、回収率230・9％
17年　73レース中4レース的中、回収率89・5％
18年　64レース中4レース的中、回収率73・8％
19年　64レース中10レース的中、回収率308・9％
20年　49レース中3レース的中、回収率89・4％

1レース1点勝負なので、人気決着のわりに的中率は高くない。それでも、回収率100％を下回った年でも、17年は89・5％で20年は89・4％。馬連の払い戻し率が77・5％であるなか、90％に迫る回収率を残しているなら十分ではないだろうか。
回収率を高めている19年は、根岸S・ダービー卿CT・フローラS・七夕賞・スプリンターズS・富士S・京阪杯・カペラS・ターコイズS・有馬記念がヒットしている。

2019年　有馬記念

［馬連］
⑥リスグラシュー（2番人気）、⑩サートゥルナーリア（3番人気）

［結果］
1着⑥リスグラシュー（2番人気）
2着⑩サートゥルナーリア（3番人気）
3着⑦ワールドプレミア（4番人気）
●購入100円　●払戻2990円

そうそうたる面々のなか、現役最強馬アーモンドアイが単勝1・5倍の断然人気に支持された。しかし、香港遠征を取り止めて急遽決まった参戦であり、中山の2500mという適性外の条件だったことも影響し9着に敗れてしまった。

いくら強い1番人気馬でも負けるときは負けるし、3着を外すことがある。それでも、その際に好走するのは2桁人気の馬ばかりでなく、案外人気馬が好走するもの。これが競馬の面白いところだ。

結果、勝ったのは宝塚記念と豪州コックスプレートを連勝していたリスグラシュー。2着は皐月賞馬サートゥルナーリアで、「2番人気と3番人気の馬連」だから決して難しい決着ではない。それでも、圧倒的1番人気が馬券圏外となったので、馬連は2990円の配当に。このレースだけでおよそ30レース分の投資金額を回収できている。

ちなみに、「1番人気と2番人気の馬連」だと、次のようになる。

●馬連1点

1番人気―2番人気

芝・ダートのGⅠ・GⅡ・GⅢ。16頭立て以上。

318レース中31レース的中

レース的中率9・7％、回収率76・3％

16年　68レース中12レース的中、回収率134・9％

17年　73レース中4レース的中、回収率46・4％

18年　64レース中7レース的中、回収率91・6％

19年　64レース中5レース的中、回収率56・1％

20年　49レース中3レース的中、回収率45・9％

「1番人気と2番人気の馬連」と「2番人気と3番人気の馬連」では、期間中の的中率にほとんど差は見られなかった。そうなると当然、回収率には大きな差が生まれる。「1番人気と2

番人気の馬連」では、回収率100％を超えたのが16年だけ。18年に回収率91・6％とまずまずの成績は残しているが、他3年の数字には目も当てられない。

また、「1番人気と3番人気の馬連」ではこうなった。

●馬連1点

1番人気－3番人気

芝・ダートのGⅠ・GⅡ・GⅢ。16頭立て以上。

318レース中20レース的中

レース的中率6・3％、回収率55・2％

16年　68レース中4レース的中、回収率54・0％

17年　73レース中4レース的中、回収率41・9％

18年　64レース中3レース的中、回収率47・5％

19年　64レース中5レース的中、回収率70・9％

20年　49レース中4レース的中、回収率66・1％

説明するまでもなく、これまでの組み合わせの中で最悪の成績だった。「機械的に購入する」という条件下では、1番人気が連を外すと好配当に手が届く「2番人気と3番人気の馬連」が最も安定しているとわかる。

●馬連ボックス

2番人気、3番人気、6番人気、7番人気、8番人気

芝・ダートのGⅠ・GⅡ・GⅢ。16頭立て以上。

318レース中74レース的中

レース的中率23・3%、回収率100・1%

16年　68レース中19レース的中、回収率94・0%

17年　73レース中10レース的中、回収率106・5%

18年　64レース中14レース的中、回収率115・6%

19年　64レース中19レース的中、回収率95・6%

20年　49レース中12レース的中、回収率84・8%

「2番人気と3番人気の馬連」が良いと分かれば、それに何頭かプラスして、レース単位の的中率を上げたいもの。検証した結果、的中率と回収率のバランスが良かったのが「2、3、6、7、8番人気の馬連ボックス」だった。先述の通り、「2番人気と3番人気の馬連」は的中率が9・4％ある。それをベースとして、「2番人気と6番人気」や「3番人気と8番人気」などの中穴馬券も想定できている。

加えて、年に数回あるかないかだが、「7番人気と8番人気」という万馬券級の配当にも対応。18年は東京スポーツ杯2歳Sがこの組み合わせで決着し、馬連24750円が的中している。20年がやや低値なのは残念だが、安定して95％程度の回収率は期待できる。

ちなみに、期間中の最大連敗は14回で、2番目に大きな連敗は13回だった。1レース10点なので、負けが続いても何とか耐え凌げる額ではないだろうか。

●馬連ボックス

2番人気、3番人気、11番人気、12番人気、13番人気

芝・ダートのGⅠ・GⅡ・GⅢ。16頭立て以上。

318レース中44レース的中

レース的中率13・8％、回収率126・4％
16年　68レース中13レース的中、回収率116・5％
17年　73レース中8レース的中、回収率92・3％
18年　64レース中5レース的中、回収率23・2％
19年　64レース中13レース的中、回収率118・5％
20年　49レース中5レース的中、回収率336・0％

こちらは、より穴狙いにシフトした組み合わせ。的中には①1番人気の馬が連対を外し、②11～13番人気の馬が連対する必要がある。この2条件を満たすレースは本当に稀。よって、ほぼ「2番人気と3番人気の馬連」しか当たらない。期間中の的中44レースのうち、30レースが「2番人気と3番人気」だった。それでも、一発長打の魅力は先ほどとは段違い。2桁人気が絡めば万馬券以上はほぼ確定するので、ある意味宝くじを買っているようなものだ。

期間中、2桁人気同士の馬連が的中したのは20年のCBC賞だけ。下手をすれば5年以上当たらない可能性もあったわけだ。それでも、年別の成績が18年を除いて安定しているように、「2番人気と13番人気」のような「人気－穴」の決着で基礎は固められている。

２０２０年　ＣＢＣ賞

［馬連ボックス］

⑨タイセイアベニール（2番人気）、②レッドアンシェル（3番人気）、⑥アンヴァル（11番人気）、⑮ノーワン（12番人気）、③ラブカンプー（13番人気）

［結果］

１着③ラブカンプー（13番人気）
２着⑥アンヴァル（11番人気）
３着②レッドアンシェル（３番人気）

●購入１０００円　●払戻１３８６００円

続いては1番人気を買わない3連複。先ほどまでの馬連と違い、1番人気が3着に入ったらアウトだ。的中率はその分下がるものの、的中時の平均配当は跳ね上がる。安定感を求めるなら馬連を、連敗を耐え忍ぶ精神力があれば3連複といったところか。

●３連複フォーメーション

１列目：２番人気、２列目：３、４番人気、３列目：７〜10番人気

芝・ダートのＧⅠ・ＧⅡ・ＧⅢ。16頭立て以上。

３１８レース中、27レース的中
レース的中率８・５％、回収率１２９・９％

16年　68レース中７レース的中、回収率１６８・３％
17年　73レース中５レース的中、回収率１０５・８％
18年　64レース中４レース的中、回収率90・０％
19年　64レース中８レース的中、回収率１６６・５％
20年　49レース中３レース的中、回収率１１７・２％

●3連複フォーメーション

１列目：２番人気、２列目：３、４番人気、３列目：７～18番人気
芝・ダートのＧⅠ・ＧⅡ・ＧⅢ。16頭立て以上。

３１８レース中、35レース的中
レース的中率11・０％、回収率１１４・２％

16年　68レース中9レース的中、回収率120・0％
17年　73レース中5レース的中、回収率39・2％
18年　64レース中4レース的中、回収率33・8％
19年　64レース中12レース的中、回収率124・7％
20年　49レース中5レース的中、回収率306・1％

この2つのフォーメーションは、上位人気4頭の中で1番人気だけを嫌っている。3列目に置く馬を増やしても集計期間中ではプラス収支になっている。ただ、安定感で見ると「1列目：2番人気、2列目：3、4番人気、3列目：7〜10番人気」の方が上。近5年の最低回収率でも90・0％あるのは素晴らしい。

●ワイド
3番人気－6〜10番人気
芝・ダートのGⅠ・GⅡ・GⅢ。16頭立て以上。
318レース中、72レース的中

レース的中率22・6％、回収率106・6％

的中率が比較的高く、1レースあたりの買い目も少なく抑えられるのがワイドの利点。「ワイドは安くて儲からない！」という印象を持つ競馬ファンも多いだろうが、それは「人気馬＋人気馬」の決着を見ているから。誰もが簡単に辿り着ける予想では、とても機械的に購入して利益を出せない。「人気馬2頭＋人気薄1頭」の意識で狙うワイドは、もちろん「人気馬＋人気薄」の組み合わせとなる。

最も的中率と回収率のバランスが良かった「3番人気から6～10番人気」のワイドは、1レース5点を購入。的中率22・6％だから5レースに1度は的中できる。また、購入した2点とも的中することがあり、そうなれば配当は計5000円に達することも。ワイドでも1レース1000％の回収率は記録できる。

2020年　シルクロードS

［ワイドフォーメーション］

軸⑧アウィルアウェイ（3番人気）

相手⑥エイティーンガール（6番人気）、②カラクレナイ（7番人気）、⑮ナランフレグ（8番人気）、⑩ペイシャフェリシタ（9番人気）、⑭セイウンコウセイ（10番人気）

［結果］
1着⑧アウィルアウェイ（3番人気）
2着⑥エイティーンガール（6番人気）
3着⑮ナランフレグ（8番人気）
●購入500円 ●払戻3750円

●ワイド
3番人気－7番人気
芝・ダートのGⅠ・GⅡ・GⅢ。16頭立て以上。

これぞ至高のワイド。そう思えるのが「3番人気から7番人気へのワイド」だ。先ほどの「3番人気から6～10番人気へのワイド」を、究極に磨き上げたパターンとなる。1レースあたり1点なので、100円から購入できる手軽さはもちろん、的中率と回収率の両方を求められる理想の買い目だ。

また、ワイドゆえに、1番人気→3番人気→7番人気という堅い決着でも的中になるし、18番人気→7番人気→3番人気の大荒れレースにも対応可能。16～20年の集計期間中では、的中率は9・4%で、およそ10レースに1度的中する計算。的中時の平均配当が1681円だから、想像以上に回収できている。また、「3番人気から7番人気へのワイド」の凄い点は、集計期間中に毎年回収率100%を超えていること。

●16年　68レース中7レース的中、回収率149・9%
●17年　73レース中6レース的中、回収率144・2%
●18年　64レース中6レース的中、回収率176・7%
●19年　64レース中7レース的中、回収率182・2%
●20年　49レース中4レース的中、回収率138・0%

的中率にバラつきが少なく、毎年6～7レース安定して的中している。このワイドは、自分の予想にプラスして購入するのも有効。異なる馬を軸にしながらも、とりあえず1点だけこの組み合わせを購入しておく。これによって連敗を避けるのにも役立てられる。

16頭立て以上は年70レース弱ほどなので、1レース100円なら年間7000円ほど。5レース的中すれば元を取れる計算なので、21年から試してみてはいかがだろうか。

20年の的中レースは、フェアリーS・アンタレスS・マーメイドS・七夕賞の4つ。20年七夕賞は、1番人気のジナンボーが見せ場なく9着に敗れた。優勝したのは3番人気のクレッシェンドラヴで、7番人気ブラヴァスが2着。2頭のワイドは2180円ついた。ブラヴァスはその後新潟記念を勝っており、本著が発売となる20年11月から振り返れば納得できる決着かもしれない。しかし、重馬場で行われたこともあり、レース前は非常に難解な一戦だった。

2020年　七夕賞

［ワイド］
③クレッシェンドラヴ（3番人気）、⑬ブラヴァス（7番人気）

［結果］
1着③クレッシェンドラヴ（3番人気）
2着⑬ブラヴァス（7番人気）
3着⑫ヴァンケドミンゴ（6番人気）
●購入100円　●払戻2180円

●単勝

期間中の単勝1・0倍〜1・4倍の単勝回収率は81％で、複勝回収率は95％。単勝1・5倍〜1・9倍の単勝回収率は77％で、複勝回収率は87％だった。つまり、90％程度の回収率であれば、単勝1倍台の複勝を狙えばそう難しくはない。しかし、1番人気を機械的に買い続けて「利益を出す」のは容易ではない。私見ではあるが、馬券成績が年間黒字を達成した人で、1番人気だけを狙っているという話は聞いたことがない。プラス収支を達成するには、よほど精度の高い能力指数を用いるか、条件を絞りに絞って狙い撃つほかないはずだ。

また、人気薄の大駆けも再現性は乏しい。人気薄は2~3着までが多く、ただでさえ少ない1着好走を、タイミング良く強振するのは困難。狙うならワイド、3連複だろう。

よって、単勝を機械的に購入して利益を出すならば、次のような条件が望ましい。

（1）1番人気が負けやすい条件を選択する

（2）好走率が高く、再現性のある人気馬を購入する

1番人気が負けやすい条件といえば、「ハンデ戦」がすぐに思い浮かぶだろう。期間中のハンデGⅢにおける1番人気の勝率は22・6%で、それ以外のGⅢでは32・6%だった。1番人気がちょうど10%勝率を落とすこの条件こそ、単勝勝負でプラス収支を狙うのに相応しい。条件を探った結果、次のような組み合わせを発見した。

●単勝1点

芝・ダートのGⅡ・GⅢのハンデ戦。単勝3番人気以下かつ4・0倍以上のなかで、最も上位人気の馬。

オッズの基準は4・0倍以上で、1～2番人気は対象外となる。その中で最も人気上位の馬なので、言い換えると「単勝4・0倍以上の3番人気」を狙い続けるということだ。20年では京都金杯、シルクロードS、中山牝馬S、七夕賞が的中。19年は27レース中7レースがこの条件で的中となり、ラジオNIKKEI賞、七夕賞、中京記念と、4週のうちに3レースが的中した。

20年の中山牝馬Sを例に条件設定を説明すると、「3番人気以下」なので、1番人気のエスポワール（2・7倍）と2番人気コントラチェック（2・9倍）は購入対象から外れる。続く3番人気のフェアリーポルカは単勝9・6倍なので、4・0倍以上という条件をクリア。この馬が本命となる。

結果は3番人気のフェアリーポルカが優勝。1番人気に支持されたエスポワールが3着に入ったものの、2着が14番人気のリュヌルージュで波乱の決着に。このレースはハンデ戦に加え、天候がなんと雪！馬場状態は不良となり、簡単な決着にはならないという匂いがプンプンしていた。

そのような条件下でも、結果として「人気馬2頭＋人気薄1頭」の決着になっているのは興味深い。難解だからといって「穴－穴－穴」の組み合わせを狙う必要はないのだ。普通に予想しても難しいと思えるハンデ重賞では、人気だけを確認し、フォームに従って馬券を買った方が案外当たるのかもしれない。

知って得する人気関連データ

最後に、「人気馬2頭＋人気薄1頭」の馬券を活用する上で、参考になるであろうデータを色々と調べてみた。無論、ある程度の確信があった上で調べていったわけだが、調べれば調べるほど、競馬はこの考え（人気馬2頭＋人気薄1頭）しかないという思いを強くした（笑）。

競馬で勝つことは難しい。特に、勝ち続けるのは至難の業である。しかし、「人気馬2頭＋人気薄1頭」の考えを念頭に置きつつデータを見ていくと、それもさほど難しいことではないのではないかと思わせてくれるから不思議だ。

1章の冒頭で触れた通り、馬券を当てる上での最大のヒントは人気（オッズ）であり、その人気を生み出しているのは〝研究熱心なファン〟に他ならない。ここで紹介しているデータは人気に関するものが多いが、競馬ファンが熱心であり続ける限り、今後も大きく変動することはないだろう。大いに活用していただいて、馬券を当てまくって欲しい。

頭数別人気馬2頭+人気薄1頭発生確率と3連複買い目、配当

頭数	発生確率	平均買い目数	平均獲得配当
～5頭	18.8%	6.0点	1,293円
6～8頭	45.1%	21.5点	2,878円
9～11頭	51.5%	38.6点	4,891円
12～14頭	51.1%	54.3点	7,652円
15～18頭	49.1%	72.4点	10,630円
5頭立て	18.8%	6.0点	1,293円
6頭立て	27.8%	12.0点	1,995円
7頭立て	40.0%	18.0点	2,336円
8頭立て	49.3%	24.0点	3,099円
9頭立て	46.5%	30.0点	4,185円
10頭立て	50.8%	36.0点	4,474円
11頭立て	55.3%	42.0点	5,611円
12頭立て	51.6%	48.0点	6,779円
13頭立て	53.5%	54.0点	7,246円
14頭立て	48.8%	60.0点	8,817円
15頭立て	47.9%	66.0点	9,879円
16頭立て	49.7%	72.0点	10,399円
17頭立て	51.7%	78.0点	9,743円
18頭立て	47.6%	84.0点	13,274円

競馬場別人気馬2頭+人気薄1頭発生確率と3連複買い目、配当

場名	発生確率	平均買い目数	平均獲得配当
札幌	51.6%	51.3点	7,524円
函館	50.3%	49.5点	7,976円
福島	44.9%	64.7点	9,278円
新潟	49.0%	64.5点	8,795円
東京	49.8%	63.0点	9,123円
中山	50.5%	64.2点	8,996円
中京	51.0%	64.5点	8,541円
京都	49.3%	57.6点	8,667円
阪神	51.1%	58.3点	8,364円
小倉	48.5%	63.1点	9,533円
東開催	49.2%	63.9点	9,040円
西開催	50.1%	59.9点	8,682円
中央開催	50.2%	60.8点	8,787円
ローカル	49.1%	61.0点	8,696円

クラス別人気馬2頭＋人気薄1頭発生確率と3連複買い目、配当

条件	発生確率	平均買い目数	平均獲得配当
新馬	49.4%	58.7点	8,149円
未勝利	51.8%	65.2点	8,730円
1勝	49.2%	58.9点	8,958円
2勝	47.7%	57.6点	8,476円
3勝	46.2%	56.4点	8,775円
OPEN	49.2%	54.6点	7,456円
GIII	49.4%	64.0点	11,353円
GII	47.8%	57.4点	6,115円
GI	51.4%	75.4点	10,772円
重賞	49.3%	64.3点	9,854円
牝馬限定	49.2%	62.7点	9,021円
ハンデ戦	45.3%	60.9点	10,752円
平場	50.3%	62.6点	8,888円
特別	48.5%	56.2点	8,281円

馬場状態別人気馬2頭＋人気薄1頭発生確率と3連複買い目、配当

条件	発生確率	平均買い目数	平均獲得配当
芝・良	50.1%	58.9点	8,400円
芝・稍重	49.5%	58.4点	8,345円
芝・重	50.6%	58.8点	10,066円
芝・不良	48.4%	59.7点	10,234円
ダ・良	49.1%	63.3点	9,247円
ダ・稍重	50.5%	62.5点	8,137円
ダ・重	49.2%	61.5点	8,380円
ダ・不良	49.2%	63.1点	10,729円
芝	50.0%	58.8点	8,520円
ダート	49.4%	62.9点	8,987円

負担重量別人気馬2頭＋人気薄1頭発生確率と3連複買い目、配当

条件	発生確率	平均買い目数	平均獲得配当
ハンデ	45.3%	60.9点	10,752円
別定	49.8%	54.3点	7,255円
馬齢	51.2%	62.4点	8,511円
定量	48.6%	59.5点	8,933円

競走条件別人気馬2頭＋人気薄1頭発生確率と3連複買い目、配当

条件	発生確率	平均買い目数	平均獲得配当
2歳	51.6%	55.4点	7,628円
3歳	50.8%	65.4点	8,869円
3歳以上	48.6%	59.2点	8,683円
4歳以上	47.9%	60.2点	9,631円

レース番号別人気馬2頭＋人気薄1頭発生確率と3連複買い目、配当

条件	発生確率	平均買い目数	平均獲得配当
1R	51.8%	61.8点	8,629円
2R	49.9%	63.1点	7,459円
3R	50.1%	65.7点	10,154円
4R	54.2%	67.8点	9,079円
5R	52.7%	59.4点	8,094円
6R	47.9%	60.9点	8,444円
7R	50.0%	61.2点	9,224円
8R	49.4%	59.9点	9,116円
9R	49.6%	51.3点	7,489円
10R	48.2%	54.7点	8,136円
11R	48.3%	61.7点	9,889円
12R	46.1%	64.5点	9,431円
平場	50.3%	62.6点	8,888円
特別	48.5%	56.2点	8,281円

月別人気馬2頭＋人気薄1頭発生確率と3連複買い目、配当

条件	発生確率	平均買い目数	平均獲得配当
1月	49.1%	63.2点	8,994円
2月	49.9%	62.3点	9,593円
3月	50.8%	60.6点	8,235円
4月	49.1%	63.8点	8,363円
5月	48.4%	63.0点	9,590円
6月	50.5%	60.3点	8,220円
7月	48.1%	56.6点	9,241円
8月	50.1%	59.4点	8,246円
9月	51.6%	60.1点	8,387円
10月	49.5%	56.5点	9,146円
11月	50.0%	60.9点	8,329円
12月	50.6%	63.8点	8,580円
1〜3月	49.9%	62.0点	8,914円
4〜6月	49.3%	62.4点	8,719円
7〜9月	49.7%	58.5点	8,651円
10〜12月	50.0%	60.3点	8,701円

1番人気の競馬場別成績

場名	1着数	2着数	3着数	4着数	5着数	着外数	総レース数	勝率	連対率	複勝率
札幌	251	131	98	69	42	153	744	33.7%	51.3%	64.5%
函館	238	137	104	51	40	150	720	33.1%	52.1%	66.5%
福島	286	191	134	89	64	264	1028	27.8%	46.4%	59.4%
新潟	439	252	181	110	92	294	1368	32.1%	50.5%	63.7%
新潟芝内	93	59	36	27	29	56	300	31.0%	50.7%	62.7%
新潟芝外	120	58	49	31	16	68	342	35.1%	52.0%	66.4%
新潟直線	34	16	17	9	11	33	120	28.3%	41.7%	55.8%
東京	865	419	332	200	146	480	2442	35.4%	52.6%	66.2%
中山	764	399	269	195	136	454	2217	34.5%	52.5%	64.6%
中京	385	249	145	96	99	268	1242	31.0%	51.0%	62.7%
京都	740	489	334	195	150	506	2414	30.7%	50.9%	64.7%
京都芝内	151	121	77	39	40	118	546	27.7%	49.8%	63.9%
京都芝外	205	120	66	50	37	115	593	34.6%	54.8%	65.9%
阪神	790	425	303	221	140	429	2308	34.2%	52.6%	65.8%
阪神芝内	166	91	75	49	38	102	521	31.9%	49.3%	63.7%
阪神芝外	199	94	69	54	37	89	542	36.7%	54.1%	66.8%
小倉	332	222	143	98	79	292	1166	28.5%	47.5%	59.8%
中央開催	3159	1732	1238	811	572	1869	9381	33.7%	52.1%	65.3%
ローカル	1931	1182	805	513	416	1421	6268	30.8%	49.7%	62.5%

1番人気の馬番別成績

馬番	1着数	2着数	3着数	4着数	5着数	着外数	総レース数	勝率	連対率	複勝率
1番	353	189	155	92	66	223	1078	32.7%	50.3%	64.7%
2番	336	202	148	108	84	228	1106	30.4%	48.6%	62.0%
3番	374	232	153	109	68	249	1185	31.6%	51.1%	64.1%
4番	382	216	152	104	73	244	1171	32.6%	51.1%	64.0%
5番	404	215	140	98	76	217	1150	35.1%	53.8%	66.0%
6番	391	201	149	105	70	235	1151	34.0%	51.4%	64.4%
7番	413	220	163	96	60	230	1182	34.9%	53.6%	67.3%
8番	363	214	161	93	65	254	1150	31.6%	50.2%	64.2%
9番	358	211	137	93	74	241	1114	32.1%	51.1%	63.4%
10番	335	202	144	87	56	190	1014	33.0%	53.0%	67.2%
11番	296	188	108	78	54	181	905	32.7%	53.5%	65.4%
12番	250	169	110	67	68	191	855	29.2%	49.0%	61.9%
13番	272	143	98	55	45	170	783	34.7%	53.0%	65.5%
14番	213	117	89	44	40	151	654	32.6%	50.5%	64.1%
15番	182	93	60	48	42	134	559	32.6%	49.2%	59.9%
16番	130	80	65	36	31	115	457	28.4%	46.0%	60.2%
17番	17	16	3	5	7	17	65	26.2%	50.8%	55.4%
18番	21	6	8	6	9	20	70	30.0%	38.6%	50.0%
偶数	2421	1407	1026	650	496	1628	7628	31.7%	50.2%	63.6%
奇数	2669	1507	1017	674	492	1662	8021	33.3%	52.1%	64.7%
大外	409	204	145	86	81	233	1158	35.3%	52.9%	65.5%

1番人気の騎手別成績（トップ20）※総レース数100件以上該当の騎手のみ

騎手	1着数	2着数	3着数	4着数	5着数	着外数	総レース数	勝率	連対率	複勝率
モレイラ	63	31	14	16	8	20	152	41.4%	61.8%	71.1%
横山典弘	88	37	26	14	16	47	228	38.6%	54.8%	66.2%
池添謙一	86	50	31	12	8	40	227	37.9%	59.9%	73.6%
藤岡佑介	86	47	25	19	10	45	232	37.1%	57.3%	68.1%
北村宏司	60	18	17	12	14	41	162	37.0%	48.1%	58.6%
ルメール	587	283	205	128	99	291	1593	36.8%	54.6%	67.5%
川田将雅	357	189	106	72	58	192	974	36.7%	56.1%	66.9%
吉田豊	36	22	14	9	5	14	100	36.0%	58.0%	72.0%
三浦皇成	101	42	38	27	11	62	281	35.9%	50.9%	64.4%
田辺裕信	136	65	50	30	22	79	382	35.6%	52.6%	65.7%
松山弘平	100	50	36	19	27	49	281	35.6%	53.4%	66.2%
横山武史	51	23	19	10	13	33	149	34.2%	49.7%	62.4%
戸崎圭太	310	177	91	73	55	204	910	34.1%	53.5%	63.5%
福永祐一	205	109	89	65	30	107	605	33.9%	51.9%	66.6%
レーン	42	15	17	15	7	28	124	33.9%	46.0%	59.7%
幸英明	84	50	39	20	8	49	250	33.6%	53.6%	69.2%
内田博幸	116	70	46	33	18	63	346	33.5%	53.8%	67.1%
M. デム	323	183	138	86	66	196	992	32.6%	51.0%	64.9%
蛯名正義	52	24	21	13	10	40	160	32.5%	47.5%	60.6%
石橋脩	75	34	37	26	10	53	235	31.9%	46.4%	62.1%

1番人気の調教師成績（トップ20）※総レース数100件以上該当の調教師のみ

調教師	1着数	2着数	3着数	4着数	5着数	着外数	総レース数	勝率	連対率	複勝率
友道康夫	95	31	33	16	11	37	223	42.6%	56.5%	71.3%
萩原清	62	22	17	5	8	36	150	41.3%	56.0%	67.3%
庄野靖志	46	19	23	4	4	16	112	41.1%	58.0%	78.6%
伊藤圭三	49	17	15	11	7	22	121	40.5%	54.5%	66.9%
中竹和也	46	18	13	8	8	22	115	40.0%	55.7%	67.0%
木村哲也	109	50	33	23	14	45	274	39.8%	58.0%	70.1%
中内田充	103	40	29	21	15	55	263	39.2%	54.4%	65.4%
国枝栄	105	48	35	20	17	46	271	38.7%	56.5%	69.4%
音無秀孝	78	37	24	15	9	39	202	38.6%	56.9%	68.8%
栗田徹	51	22	17	8	6	30	134	38.1%	54.5%	67.2%
高木登	45	18	14	13	2	29	121	37.2%	52.1%	63.6%
池添学	52	19	14	15	13	29	142	36.6%	50.0%	59.9%
大竹正博	46	19	14	17	6	24	126	36.5%	51.6%	62.7%
堀宣行	112	60	29	28	18	61	308	36.4%	55.8%	65.3%
松田国英	48	31	16	7	7	25	134	35.8%	59.0%	70.9%
藤沢和雄	118	62	42	24	19	66	331	35.6%	54.4%	67.1%
加藤征弘	75	33	24	15	19	45	211	35.5%	51.2%	62.6%
手塚貴久	67	27	28	15	6	46	189	35.4%	49.7%	64.6%
西村真幸	46	19	18	5	10	32	130	35.4%	50.0%	63.8%
角居勝彦	95	56	29	25	21	49	275	34.5%	54.9%	65.5%

人気馬ゾーンの騎手別成績(トップ20)※総レース数100件以上該当の騎手のみ

騎手	1着数	2着数	3着数	4着数	5着数	着外数	総レース数	勝率	連対率	複勝率
モレイラ	107	53	34	30	23	58	305	35.1%	52.5%	63.6%
ルメール	872	559	409	295	240	814	3189	27.3%	44.9%	57.7%
レーン	76	38	41	27	18	87	287	26.5%	39.7%	54.0%
川田将雅	555	409	281	202	170	595	2212	25.1%	43.6%	56.3%
マーフィ	64	42	39	24	17	79	265	24.2%	40.0%	54.7%
ムーア	51	43	24	22	12	66	218	23.4%	43.1%	54.1%
川島信二	33	25	21	14	18	34	145	22.8%	40.0%	54.5%
M.デム	563	390	336	242	200	795	2526	22.3%	37.7%	51.0%
福永祐一	457	370	277	228	166	607	2105	21.7%	39.3%	52.4%
戸崎圭太	552	444	327	251	215	801	2590	21.3%	38.5%	51.1%
横山典弘	189	130	107	90	70	307	893	21.2%	35.7%	47.7%
藤岡佑介	196	172	120	92	82	306	968	20.2%	38.0%	50.4%
森裕太朗	34	27	25	12	14	56	168	20.2%	36.3%	51.2%
C.デム	41	27	33	22	18	64	205	20.0%	33.2%	49.3%
池添謙一	207	182	126	95	93	352	1055	19.6%	36.9%	48.8%
高倉稜	35	19	19	14	24	68	179	19.6%	30.2%	40.8%
田辺裕信	313	253	198	171	129	538	1602	19.5%	35.3%	47.7%
武豊	383	324	252	187	175	647	1968	19.5%	35.9%	48.7%
松山弘平	271	212	181	145	114	477	1400	19.4%	34.5%	47.4%
北村友一	260	220	196	142	106	420	1344	19.3%	35.7%	50.3%

人気馬ゾーンの調教師別成績(トップ20)※総レース数100件以上該当の調教師のみ

調教師	1着数	2着数	3着数	4着数	5着数	着外数	総レース数	勝率	連対率	複勝率
堀宣行	210	103	79	73	52	232	749	28.0%	41.8%	52.3%
友道康夫	173	106	93	58	53	174	657	26.3%	42.5%	56.6%
和田正一	59	35	23	19	14	75	225	26.2%	41.8%	52.0%
中内田充	165	116	71	49	55	201	657	25.1%	42.8%	53.6%
木村哲也	164	107	97	63	43	185	659	24.9%	41.1%	55.8%
萩原清	113	68	52	33	34	156	456	24.8%	39.7%	51.1%
藤沢和雄	195	136	99	69	59	255	813	24.0%	40.7%	52.9%
奥村豊	63	40	39	25	24	81	272	23.2%	37.9%	52.2%
藤原英昭	191	151	96	80	77	250	845	22.6%	40.5%	51.8%
角居勝彦	167	132	84	76	62	222	743	22.5%	40.2%	51.5%
菊沢隆徳	70	45	38	41	21	98	313	22.4%	36.7%	48.9%
北出成人	64	47	26	31	24	96	288	22.2%	38.5%	47.6%
栗田博憲	40	37	21	15	15	52	180	22.2%	42.8%	54.4%
国枝栄	160	124	83	73	65	217	722	22.2%	39.3%	50.8%
庄野靖志	77	51	59	38	23	106	354	21.8%	36.2%	52.8%
西村真幸	104	78	56	45	41	156	480	21.7%	37.9%	49.6%
佐藤正雄	23	19	10	5	11	39	107	21.5%	39.3%	48.6%
松田国英	90	78	61	36	29	130	424	21.2%	39.6%	54.0%
杉山晴紀	76	57	42	39	32	113	359	21.2%	37.0%	48.7%
松永昌博	68	60	41	37	26	90	322	21.1%	39.8%	52.5%

1番人気のオッズ帯別成績

オッズ	1着数	2着数	3着数	4着数	5着数	着外数	総レース数	勝率	連対率	複勝率
1.0～1.4	399	115	59	23	11	30	637	62.6%	80.7%	90.0%
1.5～1.9	1321	634	351	197	122	312	2937	45.0%	66.6%	78.5%
2.0～2.9	2244	1353	978	628	430	1299	6932	32.4%	51.9%	66.0%
3.0～3.9	962	663	543	364	336	1185	4053	23.7%	40.1%	53.5%
4.0～4.9	145	140	103	107	79	420	994	14.6%	28.7%	39.0%
5.0～6.9	19	9	9	5	10	44	96	19.8%	29.2%	38.5%

2番人気のオッズ帯別成績

オッズ	1着数	2着数	3着数	4着数	5着数	着外数	総レース数	勝率	連対率	複勝率
2.0～2.9	263	214	119	71	53	100	820	32.1%	58.2%	72.7%
3.0～3.9	1089	954	697	499	380	1018	4637	23.5%	44.1%	59.1%
4.0～4.9	1040	992	781	645	490	1800	5748	18.1%	35.4%	48.9%
5.0～6.9	552	622	497	394	342	1536	3943	14.0%	29.8%	42.4%
7.0～9.9	45	71	60	40	41	193	450	10.0%	25.8%	39.1%
10.0～14.9	5	7	6	5	3	17	43	11.6%	27.9%	41.9%
15.0～19.9	0	2	0	1	0	1	4	0.0%	50.0%	50.0%
20.0～29.9	1	0	1	0	0	1	3	33.3%	33.3%	66.7%

3番人気のオッズ帯別成績

オッズ	1着数	2着数	3着数	4着数	5着数	着外数	総レース数	勝率	連対率	複勝率
3.0～3.9	70	68	58	37	30	48	311	22.5%	44.4%	63.0%
4.0～4.9	418	437	410	304	221	669	2459	17.0%	34.8%	51.4%
5.0～6.9	1126	1182	1048	910	801	3003	8070	14.0%	28.6%	41.6%
7.0～9.9	409	492	504	464	368	1701	3938	10.4%	22.9%	35.7%
10.0～14.9	56	100	98	104	88	337	783	7.2%	19.9%	32.4%
15.0～19.9	4	11	10	9	13	27	74	5.4%	20.3%	33.8%
20.0～29.9	0	3	2	3	1	5	14	0.0%	21.4%	35.7%

4番人気のオッズ帯別成績

オッズ	1着数	2着数	3着数	4着数	5着数	着外数	総レース数	勝率	連対率	複勝率
4.0～4.9	18	19	15	16	13	24	105	17.1%	35.2%	49.5%
5.0～6.9	422	456	422	397	361	1288	3346	12.6%	26.2%	38.9%
7.0～9.9	732	847	870	872	732	3372	7425	9.9%	21.3%	33.0%
10.0～14.9	249	384	414	424	444	1944	3859	6.5%	16.4%	27.1%
15.0～19.9	28	60	86	84	77	381	716	3.9%	12.3%	24.3%
20.0～29.9	1	15	24	28	23	83	174	0.6%	9.2%	23.0%
30.0～49.9	0	2	3	3	3	10	21	0.0%	9.5%	23.8%
50.0～99.9	0	1	1	0	0	0	2	0.0%	50.0%	100.0%

あとがき

本書の入稿も差し迫った10月4日。2020年下半期最初のGⅠとなるスプリンターズステークスが行われた。

結果はご存じのとおり、1番人気のグランアレグリアが直線まさに目の覚めるような末脚でごぼう抜き。安田記念に続き、見事勝利を収めた。2着には前年の3着馬で、前哨戦のセントウルステークスを制していた3番人気のダノンスマッシュが入線。そして10番人気のアウィルアウェイがハイペースの展開利も活かして最後に浮上してきた。

すでにお気づきの読者の方も多いだろう。そう、下半期最初のGⅠも「人気馬2頭＋人気薄1頭」で決着したのだ。本書が示した馬券への姿勢は間違っていなかったと改めて確信することができた一戦であった。

3連複は10430円の万馬券。仮に「人気馬4頭－人気馬4頭－人気薄全頭」という組み合わせでも72点。回収率は優に100％を超える。また、本書でも記していたように人気薄は1着より2着、2着より3着という傾向があり、まさにこのスプリンターズステークスも3着に人気薄が入線している。となれば、当然3連単22540円も十分狙えただろう。

さて、では私はどうだったのか？

このレースも当然、「人気馬2頭＋人気薄1頭」に則って馬券を組み立てていた。1番人気グランアレグリアは固いだろう。ここまでは順調に的中への道を辿っていた。しかし、相手に2番人気のモズスーパーフレアを指定してしまったのだ。購入点数をケチって、人気馬2頭をこの2頭に固定。それが失敗であった。1番人気グランアレグリアを固定は間違っていないだろう。単勝オッズも2・2倍と抜けた評価であったので信頼していい場面だ。そこで人気馬のもう一頭を2番人気モズスーパーフレアと3番人気ダノンスマッシュの2頭にしていれば…。仮にこれだと3連複は27点で済んだのだ。ああ、時間を巻き戻してほしい…（泣）。

システムは的中したが予想は外れというオチがついてしまったが、実はここで終わりではない。この日の中山最終レースの外房ステークス。これも「人気馬2頭＋人気薄1頭」で決着しているのだ。

1番人気は単勝オッズ1・3倍のダンシングプリンス。オッズが示す通り、ここまで抜けていれば明確な消しの根拠がない限り嫌う道理はない。そして相手に3番人気のアポロビビを指定した。結果、見事に1、2着に指定した人気馬2頭が入線。そして3着が7番人気のサンマルペンダントとなり、3連複4910円

の的中となった。これがもしハナ差の4着馬メリーメーキング（14番人気）だったなら3連複は19650円だったので、暫し悶絶したことは言うまでもない。

ただ、近走まるで見せ場のなかったメリーメーキングを果たして予想して買う事が出来たであろうか。人気薄とは多くの競馬ファンが厳しいと考えているから人気薄なのである。つまり能力的に通用しない可能性が高いという事だ。このような馬が上位に食い込むには何らかの要因があったはず。しかしそれを予想するのは困難だろう。人気薄は狙って取るのではなく、網を広げて引っかかるのを待つのが正解なのだ。これを可能にしているのが「人気馬2頭＋人気薄1頭」システムなのである。

この日は中山で7レース、中京で4レースが「人気馬2頭＋人気薄1頭」で決着していた。特に中山ではなんと8Rから12Rまで5レース連続でこの組み合わせでの決着となっていたのだ。この日全体の発生確率は45・8％。おおむね過去の傾向とも合致している。本書執筆後もこのシステムが続いていくことだろうと予感できた一日であった。

競馬の予想は難しい。しかし、我々はそう言いながら今日も明日も、そしてこれからもずっと馬券を買っていくだろう。その時に本書の考えが少しでも参考になれば幸いである。

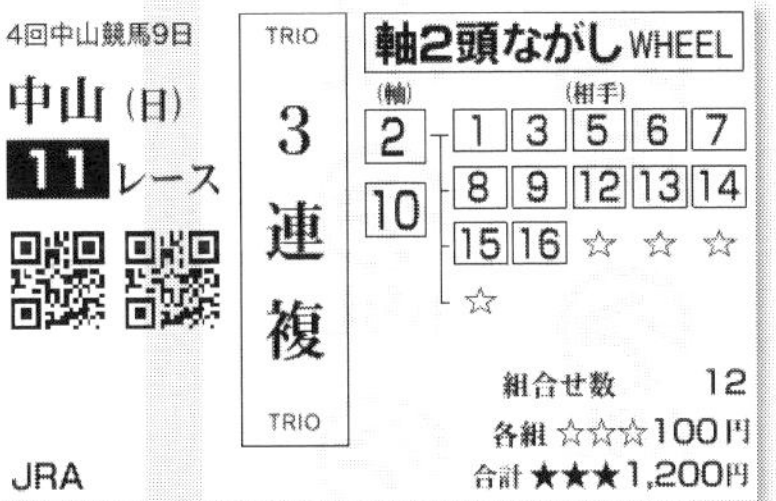

4回中山競馬9日
中山（日）
11レース
TRIO
3連複
TRIO
軸2頭ながし WHEEL
(軸)
(相手)
2
10
1 3 5 6 7
8 9 12 13 14
15 16 ☆ ☆ ☆
☆
組合せ数 12
各組 ☆☆☆100円
合計 ★★★1,200円
JRA

2020.10.4 中山11R
スプリンターズS（GⅠ） 芝1200m

1着⑩グランアレグリア（1人気）
2着③ダノンスマッシュ（3人気）
3着⑯アウィルアウェイ（10人気）
馬連③⑩530円
3連複③⑩⑯10,430円
3連単⑩③⑯22,540円

人気2頭＋1頭の法則に従って買ったが、買い目をこの2頭軸流し1本に絞ってしまい失敗。

2020.10.4 中山12R
外房S（3歳上・3勝C） ダ1200m

1着①ダンシングプリンス（1人気）
2着⑫アポロビビ（3人気）
3着⑭サンマルペンダント（7人気）
4着⑦メリーメーキング（14人気）
馬連①⑫550円
3連複①⑫⑭4,910円
3連単①⑫⑭8,480円

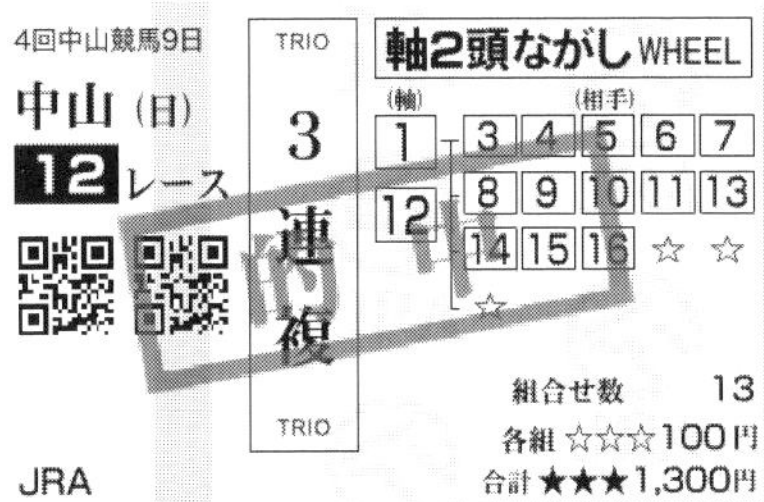

4回中山競馬9日
中山（日）
12レース
TRIO
3連複
TRIO
軸2頭ながし WHEEL
(軸)
(相手)
1
12
3 4 5 6 7
8 9 10 11 13
14 15 16 ☆ ☆
☆
的中
組合せ数 13
各組 ☆☆☆100円
合計 ★★★1,300円
JRA

メインレース同様、1人気＋3人気の組み合わせで決まったレースも、3、4着が入れ替われば…。

競馬は人気馬2頭+人気薄1頭の組み合わせでだいたい決まる

2020年11月15日初版第一刷発行

編　　者	競馬王編集部
発 行 者	松丸　仁
装　　丁	高松伸安
写　　真	橋本　健
執筆協力	安井涼太
紙面協力	競馬ブック
印刷・製本	株式会社 暁印刷
発 行 所	株式会社 ガイドワークス

編集部　〒169-8578　東京都新宿区高田馬場4-28-12　03-6311-7956
営業部　〒169-8578　東京都新宿区高田馬場4-28-12　03-6311-7777
URL　http://guideworks.co.jp

競馬王のサービス一覧

コンビニプリント

全国の主要なコンビニエンスストアにて、土日の「競馬王チャンネルオススメ馬」をプリントできるサービスです。公開は開催前日の21時～22時前後。今後は「競馬王チャンネルオススメ馬」以外のコンテンツも設置予定です。詳しいサービスの利用方法はhttps://www.e-printservice.net にて。

競馬王オフィシャルブログ
(http://blog.keibaoh.com)

週中には「競馬王のPOG本2020-2021公開ドラフト」の経過発表や、編集部員による日記を、週末には「障害馬券師ウオトモの障害レース見解」「立川優馬の穴馬トッピング」など馬券に役立つ情報をお届けしています。ブックマークして覗いてみてください。

YouTube
(「競馬王 Youtube」で検索してください)

【まいこのトレセン探訪】メロディーレーンは泳ぎが得意だった!(衝撃映像)、【全編公開】競馬王のPOG本2020-2021公開ドラフト【山本昌が緊急参戦】、【ダートの鬼】ダート競馬の儲け方【nige】などの動画を公開中。高評価・チャンネル登録をよろしくお願いします。

無料メルマガ

単行本や本誌などの新刊発売情報に加え、馬券に役立つ情報を毎週金曜日(20時～21時頃)に配信しています(「競馬王チャンネル」の有料コンテンツを一部お届け。新刊との連動情報なども!)。登録方法は、keibaoh@m.bmb.jpに空メールを送るだけ!

その他のサービス

Twitter(@keibaoh) https://twitter.com/keibaoh
Facebook https://www.facebook.com/keibaoh/

リニューアル第一弾!
競馬王
10月号
好評発売中!
1番人気を極めて
競馬に勝つ!
伊吹雅也氏による「1番人気とWIN5」も掲載!
プロ達は1番人気とどう向き合っているのか?
買うべき1番人気、消すべき1番人気とは?
1番人気を生かす買い方とは?
競馬王ライター陣が全方位から1番人気を解析する一冊。
山本昌vs双馬毅、TAROvsキムラヨウヘイなど
豪華対談も収録。